cuisine bio avec Bonneterre

Recettes de Simonetta Greggio et Manuel Laguens
Photographies de Francis Waldman
Stylisme de Blandine Boyer

maraboutchef

Sommaire

LES RECETTES

ANNEXES

Petits-déjeuners, brunchs et mâchons

Petits pains spéciaux maison

TRADITION – CONVIVIAL • *Pour 10 personnes.*

PRÉPARATION 4 HEURES 30 MINUTES • REPOS 65 HEURES • CUISSON 30 MINUTES

Pour le levain

Produits Bonneterre

50 g de farine T 150 complète

300 g de farine T 65 blanche

Autres produits bio

30 g de sucre de canne roux en poudre

Pour les pains spéciaux

Produits Bonneterre

300 g de farine T 110 semi-complète

200 g de farine T 65 blanche

2 c. à soupe d'huile d'olive vierge extra fruitée

2 c. à café d'ingrédients au choix pour chaque pain spécial (cerneaux de noix, éclats de noisette, graines de lin, de sésame, de tournesol, de pavot, de cumin, olives dénoyautées, flocons de céréales, raisins secs...)

Autres produits

12 à 15 g de levure de boulanger

12 g de sel

1 Préparez le levain : dans un saladier, mélangez la farine complète et 5 cl d'eau, laissez reposer 24 heures dans un lieu tempéré (20-24 °C). Ajoutez 100 g de farine blanche, 10 cl d'eau et 30 g de sucre, mélangez et laissez reposer à nouveau 24 heures. Ajoutez 200 g de farine blanche et 20 cl d'eau et laissez reposer encore 12 heures. Le levain se conserve 5 à 6 jours au réfrigérateur.

2 Placez la levure de boulanger dans une tasse. Délayez dans 20 cl d'eau tiède. Sur le plan de travail, disposez les farines avec le sel et formez un puits. Versez au centre le mélange levure/eau, le levain puis l'huile d'olive.

3 Pétrissez la pâte en prenant soin de faire pénétrer de l'air. Battez-la plusieurs fois sur le plan de travail. Placez-la dans un saladier et recouvrez d'un linge. Laissez la pâte reposer dans une pièce entre 18 et 20 °C (sans la placer trop près d'une source de chaleur) pendant environ 3 heures. Elle va gonfler.

4 Pétrissez à nouveau la pâte sur un plan fariné. Façonnez-la en plusieurs petites boules, en ajoutant pour chacune l'ingrédient de votre choix. Disposez les boules de pâte sur une plaque farinée allant au four et faites des entailles sur le dessus. Recouvrez-les de nouveau avec le linge et laissez reposer pendant encore 1 heure.

5 Préchauffez le four à 250 °C (th. 8). Les pains auront de nouveau gonflé. Avant de les placer au four, vous pouvez les badigeonner d'huile à l'aide d'un pinceau. Laissez-les cuire 10 à 12 minutes à four très chaud, puis baissez le four à 150 °C (th. 5). Poursuivez la cuisson 15 à 20 minutes. Quand les pains seront cuits, retournez-les pour qu'ils ne soient pas humides en dessous.

Information pratique

La production du levain demande 2 jours et demi, autrement dit 60 heures, mais donne au pain un goût unique.

Tartines au caviar d'aubergines, aux sardines écrasées, à la tapenade et au tarama

CONVIVIAL – ÉCONOMIQUE – EXPRESS • *Pour 6 personnes.*

PRÉPARATION 20 À 25 MINUTES

Produits Bonneterre

1 boîte de caviar d'aubergines
1 boîte de filets de sardine sans arêtes
1 boîte de tapenade
1 boîte de tarama
25 cl d'huile d'olive vierge extra fruitée
20 g de beurre de baratte doux
poivre noir en grains du moulin

Autres produits bio

12 tranches de pain de campagne
1 tomate bien mûre
1 citron non traité
1 branche de coriandre

Autres produits

sel fin

1 Coupez les tranches de pain en deux, puis faites-les griller.
2 Enduisez 6 tartines de beurre. Écrasez grossièrement les filets de sardine, puis donnez un tour de poivre du moulin. Étalez cette préparation sur les tartines. Disposez de très fines lamelles de citron dessus.
3 Lavez la tomate, puis coupez-la en petits dés. Placez-les dans un peu d'huile d'olive avec une pincée de sel et laissez mariner 5 minutes. Badigeonnez 6 tartines d'huile d'olive, recouvrez-les d'une légère couche de tapenade puis de dés de tomate.
4 Étalez le caviar d'aubergines sur 6 autres tartines, décorez avec 1 brin de coriandre.
5 Étalez le tarama sur les 6 dernières tartines. Ajoutez quelques larmes de citron. Servez.

SUGGESTION

Vous pouvez servir les différentes tartines avec une salade de mesclun.

Petit-déjeuner nordique

CONVIVIAL – EXOTIQUE • *Pour 4 personnes.*

RÉFRIGÉRATION 20 MINUTES • PRÉPARATION 15 MINUTES

Produits Bonneterre

1 pavé de saumon frais
2 tranches de saumon fumé irlandais
2 c. à soupe huile d'olive vierge extra fruitée
1 pot de faisselle de brebis
10 g de beurre de baratte doux
6 blinis
poivre noir en grains du moulin

Autres produits bio

1 citron non traité
1 radis blanc
quelques feuilles d'aneth

Autres produits

fleur de sel

1 Placez le pavé de saumon au congélateur pendant 20 minutes avant de le couper en tranches très fines (en carpaccio) à l'aide d'un couteau bien aiguisé. Pressez la moitié du citron. Avec un zesteur, prélevez quelques lanières de radis blanc. Arrosez les tranches de saumon d'huile et de jus de citron. Décorez d'aneth et de lanières de radis. Réservez sur le plat de service.

2 Râpez finement le reste du radis. Mélangez-le avec le pot de faisselle, donnez un tour de poivre du moulin et réservez au frais.

3 Ouvrez le paquet de saumon fumé. Disposez-le sur le plat de service et donnez un tour de poivre du moulin. Réservez au frais.

4 Dans une poêle beurrée, faites dorer légèrement les blinis en les tournant pour qu'ils soient croustillants des deux côtés. Servez chaud, accompagné de fleur de sel et de quelques quartiers de citron pour rectifier l'assaisonnement selon le goût.

Mille-feuilles de bacon aux œufs en brouillade

EXPRESS • *Pour 6 personnes.*

PRÉPARATION 15 À 20 MINUTES • CUISSON 5 MINUTES

Produits Bonneterre

8 gros œufs
6 tranches de bacon
3 c. à soupe de crème fraîche
1 filet d'huile de sésame
2 c. à soupe d'huile d'olive vierge extra fruitée
poivre noir en grains du moulin

Autres produits bio

200 g de pousses d'épinard
2 c. à café de vinaigre balsamique

Autres produits

sel fin gris

1 Battez les œufs dans un bol en Inox. Ajoutez la crème fraîche et salez. Chauffez l'huile de sésame dans une poêle antiadhésive, versez les œufs battus et laissez cuire 3 minutes à feu doux. Réservez hors du feu.
2 Posez les tranches de bacon sur une plaque allant au four puis enfournez-les 2 minutes sous le gril.
3 Lavez et essorez les pousses d'épinard. Préparez un assaisonnement en mélangeant dans un saladier l'huile d'olive et le vinaigre balsamique. Salez et poivrez. Ajoutez les pousses d'épinard, mélangez bien à nouveau.
4 Divisez l'omelette en 12 petits morceaux, salez et poivrez. Coupez les tranches de bacon en deux.
5 Superposez en alternant les morceaux d'omelette et les tranches de bacon. Servez les mille-feuilles chauds, accompagnés de la salade d'épinards.

Gâteau léger d'orge, carottes et brocolis

VÉGÉTARIEN – ÉCONOMIQUE • *Pour 4 personnes.*

PRÉPARATION 30 MINUTES • CUISSON 50 MINUTES

Produits Bonneterre

180 g d'orge mondé
30 g de raisins secs blonds
huile d'olive vierge extra

Autres produits bio

200 g de brocolis
4 grosses carottes

Autres produits

sel

1 Lavez l'orge. Versez-le dans un grand volume d'eau salée et portez à ébullition. Au premier bouillon, baissez le feu et laissez cuire au moins 30 minutes.
2 Lavez les brocolis et coupez-les en petits dés. Lavez et coupez les carottes. Mettez les carottes à cuire à la vapeur avec les raisins. Au bout de 10 minutes de cuisson, ajoutez les brocolis. Poursuivez la cuisson 10 minutes, puis sortez les légumes. Réservez les raisins et mixez séparément les carottes et les brocolis.
3 Préchauffez le four à 200 °C (th. 6-7). Huilez un moule à gâteau. Étalez successivement les carottes, les raisins, l'orge et enfin les brocolis. Décorez avec quelques raisins.
4 Enfournez pour 20 minutes. Laissez refroidir avant de servir.

Pommes de terre en robe des champs, jambon de pays et cornichons

ÉCONOMIQUE – EXPRESS • *Pour 3 personnes.*

PRÉPARATION 15 MINUTES •
CUISSON 12 À 15 MINUTES

Produits Bonneterre

quelques cornichons extra-fins
3 tranches de jambon supérieur blanc avec couenne
3 c. à soupe d'huile d'olive vierge extra fruitée
poivre noir en grains du moulin

Autres produits bio

6 pommes de terre nouvelles

Autres produits

sel fin

1 Lavez les pommes de terre (au besoin, frottez-les avec une brosse pour enlever toute trace de terre). Faites-les cuire dans un panier vapeur pendant 12 à 15 minutes.
2 Coupez-les en deux dans le sens de la longueur et ôtez la chair en prenant soin de préserver une « coque » avec la peau. Écrasez la chair à la fourchette avec l'huile d'olive versée en filet. Salez, poivrez. Mélangez et remplissez les « coques » avec cette préparation.
3 Détaillez les cornichons en rondelles et le jambon en lamelles. Décorez-en les pommes de terre.
4 Servez tiède.

Pomme de terre au four à la crème et aux fines herbes

ÉCONOMIQUE – EXPRESS • *Pour 2 personnes.*

PRÉPARATION 5 MINUTES • CUISSON 20 MINUTES

Produits Bonneterre

10 cl de crème fraîche épaisse
poivre noir en grains du moulin

Autres produits bio

2 grosses pommes de terre
3 brins de ciboulette
3 branches de coriandre
3 branches de persil plat
3 brins d'aneth

Autres produits

sel fin

1 Préchauffez le four à 220 °C (th. 7). Lavez les pommes de terre et enfournez-les pour 20 minutes. Pendant ce temps, hachez finement les herbes.
2 Sortez les pommes de terre du four. Coupez-les en deux, salez et donnez un tour de poivre du moulin. Disposez la crème et les fines herbes hachées sur le dessus. Servez très chaud.

Œufs cocotte aux tomates et au basilic

CONVIVIAL • *Pour 4 personnes.*

PRÉPARATION 10 MINUTES • CUISSON 6 MINUTES

Produits Bonneterre

4 gros œufs

4 c. à soupe de crème fraîche épaisse

15 g de beurre de baratte demi-sel

Autres produits bio

2 tomates à chair ferme

4 brins de basilic frais

Autres produits

sel fin

1 Munissez-vous de 4 ramequins et d'un plat à bord haut allant au four. Lavez les tomates et ôtez les grains. Coupez la chair en petits dés.

2 Préchauffez le four à 200 °C (th. 6-7). Beurrez les ramequins avec un pinceau. Étalez les dés de tomate sur le fond. Recouvrez avec 1 c. à soupe de crème et cassez un œuf dessus. Salez.

3 Versez de l'eau dans le plat jusqu'à mi-hauteur. Placez-y les ramequins. Enfournez le tout et laissez cuire au bain-marie 6 minutes.

4 Sortez le plat du four et retirez les ramequins. Essuyez-les avant de servir, sans oublier de déposer un brin de basilic sur chaque ramequin.

Œufs brouillés en brioche

EXPRESS – CONVIVIAL • *Pour 4 personnes.*

PRÉPARATION 10 MINUTES • CUISSON 8 MINUTES

Produits Bonneterre

6 gros œufs

1 brioche tressée à la main

25 cl de lait entier

10 cl d'huile d'olive artisanale première pression à froid

poivre noir en grains du moulin

Autres produits bio

1 salade romaine

1 branche de persil

Autres produits

sel

1 Cassez les œufs dans un saladier en métal. Battez-les à l'aide d'un fouet en ajoutant le lait et l'huile versée en filet.

2 Préparez un bain-marie. Faites-y chauffer la préparation en remuant sans cesse. Dès que les œufs deviennent crémeux, retirez du feu.

3 Lavez la salade.

4 Tranchez la brioche. Déposez sur chaque morceau de brioche un peu de salade et un peu de brouillade. Salez, poivrez, décorez de persil et servez.

Salade d'oranges kiwi et cornflakes au miel

LÉGER – VÉGÉTARIEN • *Pour 4 personnes.*

PRÉPARATION 10 MINUTES

Produits Bonneterre

200 g de cornflakes glacés au miel

Autres produits bio

6 oranges sanguines non traitées

4 kiwis

2 c. à soupe de sucre de canne roux en poudre

1 Pressez le jus de 2 oranges. Mélangez-le au sucre roux. Pelez à vif les oranges restantes et coupez-les en tranches fines.
2 Pelez les kiwis et coupez-les en tranches fines également. Plongez tous les fruits dans le jus d'orange et réservez.
3 Dans des grands verres à cocktail transparents, versez un peu de cornflakes, puis un peu de salade de fruits, puis encore des cornflakes. Terminez par la salade de fruits.
4 Dégustez sans attendre.

Mousses légères de légumes

VÉGÉTARIEN • *Pour 6 personnes.*

PRÉPARATION 30 MINUTES • CUISSON 5 À 7 MINUTES

Produits Bonneterre

200 g de petits pois extra-frais surgelés

200 g d'épinards hachés en palets surgelés

200 g de brocolis et légumes mélangés surgelés

20 cl de jus de carotte

20 cl de cocktail de légumes

4 blancs d'œufs

2 c. à soupe d'huile d'olive vierge extra fruitée

poivre du moulin

Autres produits

sel

1 Décongelez les petits pois et les épinards. Faites-les cuire séparément à la vapeur.
2 Montez les blancs d'œufs en neige ferme en ajoutant une pincée de sel fin.
3 À l'aide d'un mixeur, émulsionnez les petits pois en ajoutant un filet d'huile d'olive, salez. Faites de même pour les épinards et les brocolis. Réservez les trois émulsions dans des bols individuels.
4 Munissez-vous de 18 petits verres transparents et montez les mousses : commencez en versant un des deux jus dans un verre jusqu'à mi-hauteur ; poivrez, puis ajoutez délicatement un peu de blancs en neige en vous aidant d'une cuillère à soupe ; finissez par l'émulsion de légumes de votre choix et poivrez. Servez frais.

Aumônières de saumon

CONVIVIAL • *Pour 4 personnes.*

PRÉPARATION 20 MINUTES • CUISSON 6 MINUTES

Produits Bonneterre

4 tranches de saumon fumé irlandais
4 fonds d'artichaut en conserve
150 g de fromage frais au bifidus
400 g de noix de coquilles Saint-Jacques surgelées
2 c. à soupe d'huile d'olive vierge extra fruitée
vinaigre de cidre
poivre noir en grains du moulin
paprika en poudre

Autres produits bio

le jus d'1 citron
1 gousse d'ail pilée
quelques brins de persil ciselé
quelques brins d'aneth
1 c. à soupe de ciboulette finement ciselée
quelques poignées d'alfalfa

Autres produits

sel

1 Dans un bol, mélangez le fromage frais avec deux pincées de sel, une pincée de paprika et la ciboulette ciselée.
2 Plongez les fonds d'artichaut 2 minutes dans un bol d'eau bouillante, puis disposez-les au centre des assiettes. Garnissez chaque fond d'artichaut de la préparation au fromage frais.
3 Faites décongeler les noix de saint-jacques. Versez 1 c. à soupe d'huile d'olive dans une poêle et saisissez-y les noix de saint-jacques pendant 4 minutes. Ajoutez le jus de citron, l'ail pilé et le persil. Salez et poivrez légèrement.
4 Dans chaque tranche de saumon, disposez 100 g de noix de saint-jacques. Puis refermez le saumon en aumônière à l'aide d'un brin d'aneth. Déposez les aumônières sur les fonds d'artichaut déjà garnis.
5 Autour des aumônières, disposez un peu d'alfalfa assaisonné avec un mélange d'huile d'olive, de vinaigre de cidre et de sel.
6 Saupoudrez délicatement les contours de l'assiette d'un peu de paprika pour décorer. Servez sans attendre.

Flan de courgettes au saumon irlandais fumé

CONVIVIAL • *Pour 4 personnes.*

PRÉPARATION 20 MINUTES • CUISSON 45 MINUTES

Produits Bonneterre

4 gros œufs
20 cl de crème fraîche épaisse
200 g de saumon fumé irlandais
1 c. à soupe d'huile d'olive vierge extra fruitée
poivre noir en grains du moulin
1 pincée de noix muscade

Autres produits bio

3 courgettes
1 c. à soupe d'aneth ciselé + quelques brins

Autres produits

sel

1 Lavez les courgettes, puis coupez-les en fines rondelles. Faites-les revenir 10 minutes dans une sauteuse avec l'huile d'olive. Salez légèrement et poivrez.

2 Préchauffez le four à 180° (th. 6). Coupez le saumon en fines lanières. Battez les œufs en omelette, puis ajoutez la crème fraîche, la muscade et l'aneth ciselé.

3 Hachez grossièrement les courgettes. Incorporez-les à la préparation précédente. Ajoutez les lanières de saumon et mélangez afin d'obtenir une bonne répartition des ingrédients.

4 Versez la préparation dans une terrine. Placez-la dans un bain-marie et enfournez pour 35 minutes. Décorez de brins d'aneth. Dégustez chaud ou froid.

Brioche « perdue » aux fraises

FAMILIAL – CONVIVIAL • *Pour 6 personnes.*

PRÉPARATION 10 MINUTES • CUISSON 10 MINUTES

Produits Bonneterre
6 belles tranches de brioche tressée à la main
2 gros œufs
30 cl de lait entier UHT
25 g de beurre de baratte doux
1 gousse de vanille

Autres produits bio
200 g de fraises
50 g de sucre de canne roux en poudre
quelques brins de menthe

1 Coupez les fraises en deux.
2 Fendez la gousse de vanille en deux et grattez l'intérieur pour prélever les graines.
3 Mélangez les œufs, le sucre, le lait et les graines de vanille. Trempez les tranches de brioche dans ce mélange.
4 Dans une poêle, faites fondre le beurre à feu moyen. Mettez-y les tranches de brioche à cuire doucement, en les retournant dès qu'elles sont dorées sur chaque face.
5 Sortez les tranches de brioche et dressez-les sur des assiettes.
6 Versez les fraises dans la poêle pendant 2 minutes. Disposez-les sur les tranches de brioche. Décorez de brins de menthe et servez sans attendre.

Suggestion

Vous pouvez aussi réaliser cette recette avec des fruits rouges mélangés et détaillés en petits morceaux.

Salades et légumes

Tempura de légumes

CONVIVIAL • *Pour 6 personnes.*

PRÉPARATION 15 MINUTES • CUISSON 10 MINUTES

Produits Bonneterre
130 g de farine T 65 blanche
1 jaune d'œuf
1 l d'huile de tournesol
poivre noir en grains du moulin

Autres produits bio
3 carottes
2 aubergines
1 poignée de pois gourmands
12 haricots verts

Autres produits
sel

1 Lavez les légumes. Épluchez les carottes et détaillez-les en bâtonnets. Coupez les aubergines en rondelles d'environ 1 cm d'épaisseur.
2 Préparez la pâte à beignets : versez 20 cl d'eau froide dans un plat creux avec une pincée de sel ; ajoutez le jaune d'œuf et commencez à fouetter à l'aide d'une fourchette ; continuez à fouetter en versant la farine. La pâte doit être fluide.
3 Faites chauffer l'huile dans une friteuse ou dans un wok. Trempez les légumes dans la pâte et plongez-les 1 minute dans l'huile par petites quantités. Sortez-les à l'aide d'une écumoire. Posez-les sur un plat garni de papier absorbant. Salez, poivrez et servez sans attendre.

Tzatziki

CONVIVIAL • *Pour 3 ou 4 personnes.*

PRÉPARATION 15 MINUTES • REPOS 1 HEURE

Produits Bonneterre

1 petit brassé au bifidus nature
1 yaourt au lait de brebis nature
poivre noir en grains du moulin

Autres produits bio

2 petits concombres
1 bouquet de menthe fraîche finement ciselée

Autres produits

sel

1 Pelez les concombres et râpez-les. Mettez-les dans une passoire. Saupoudrez de sel, mélangez et laissez dégorger pendant 1 heure.
2 Dans une terrine, battez les yaourts jusqu'à ce qu'ils soient bien lisses. Salez et poivrez.
3 Épongez les concombres dans du papier absorbant pour les débarrasser de toute leur eau. Incorporez-les au mélange de yaourts. Ajoutez la menthe et poivrez légèrement.
4 Dégustez très frais.

Suggestion

Le tzatziki se déguste sur des tranches de pain grillées. Comptez une tranche (coupée en deux) par personne.

Salade de haricots verts crispy au sésame

VÉGÉTARIEN – ÉCONOMIQUE • *Pour 4 personnes.*

PRÉPARATION 5 MINUTES • CUISSON 15 MINUTES

Produits Bonneterre

10 cl d'huile d'olive vierge extra fruitée
5 cl d'huile de sésame
1 c. à soupe de graines de sésame

Autres produits bio

400 g de haricots verts
le jus d'1/2 citron

Autres produits

fleur de sel

1 Dans un faitout, portez à ébullition une grande quantité d'eau salée. Jetez-y les haricots verts équeutés et laissez-les cuire à feu vif 8 à 10 minutes. Dans une poêle antiadhésive, faites légèrement griller à sec les graines de sésame.
2 Une fois les haricots verts égouttés, disposez-les dans un saladier. Placez ce saladier dans un saladier plus grand contenant de l'eau rafraîchie de quelques glaçons.
3 Ajoutez le sésame grillé aux haricots. Assaisonnez d'un généreux filet d'huile d'olive, de quelques gouttes d'huile de sésame, du jus de citron et de fleur de sel. Servez frais.

Suggestion

Cette salade de haricots verts accompagnera parfaitement un poisson grillé ou un foie gras frais poêlé.

Salade de lentilles aux copeaux de parmesan

VÉGÉTARIEN • *Pour 4 personnes.*

PRÉPARATION 10 MINUTES • CUISSON 25 MINUTES

Produits Bonneterre
300 g de lentilles vertes du Puy AOC
15 cl d'huile de carthame vierge
poivre noir en grains du moulin

Autres produits bio
2 échalotes
1 morceau de parmesan
2 c. à café de vinaigre balsamique

Autres produits
fleur de sel

1 Versez les lentilles dans quatre fois leur volume d'eau froide. Portez le tout à ébullition et laissez cuire 25 minutes. Au terme de la cuisson, égouttez les lentilles. Laissez-les refroidir dans un saladier.
2 Épluchez et hachez les échalotes. Préparez une vinaigrette avec l'huile de carthame et le vinaigre balsamique. Ajoutez les échalotes, salez et poivrez. Versez sur les lentilles et remuez.
3 Prélevez des copeaux de parmesan à l'aide d'un économe et disposez-les sur les lentilles. Servez sans attendre.

Salade caprese

EXPRESS • *Pour 4 personnes.*

PRÉPARATION 5 MINUTES

Produits Bonneterre
20 cl d'huile d'olive au basilic

Autres produits bio
1 mozzarella di buffala
5 tomates mûres
1 bouquet de basilic à grandes feuilles

Autres produits
fleur de sel

1 Lavez le basilic et égouttez-le soigneusement. Lavez les tomates et coupez-les en grosses rondelles. Réservez.
2 Coupez la mozzarella en rondelles de la même taille que les tomates (pensez à la sortir du réfrigérateur bien à l'avance pour qu'elle retrouve sa texture souple).
3 Disposez le tout dans les assiettes, en faisant alterner une rondelle de tomate, une rondelle de mozzarella et une feuille de basilic, etc. Arrosez d'un filet d'huile d'olive et parsemez de fleur de sel.

Conseil pratique

Cette salade peut très bien être utilisée pour assaisonner des pâtes que vous servirez froides, en salade.

Taboulé

LÉGER – VÉGÉTARIEN • *Pour 6 personnes.*

PRÉPARATION 30 MINUTES • REPOS 30 MINUTES

Produits Bonneterre

70 g de boulgour
12 cl d'huile d'olive vierge extra fruitée
poivre noir en grains du moulin

Autres produits bio

4 tomates
1 concombre
2 petits oignons rouges
1 citron
1/2 bouquet de persil plat finement ciselé
1/2 bouquet de menthe fraîche finement ciselée

Autres produits

sel

1 Portez à ébullition 20 cl d'eau avec 2 c. à soupe d'huile d'olive. Placez le boulgour dans un grand saladier et versez l'eau bouillante dessus. Couvrez et laissez reposer 30 minutes.
2 Épluchez le concombre et les oignons. Coupez-les en très petits dés.
3 Ébouillantez les tomates, pelez-les et coupez-les en très petits dés.
4 Mélangez les légumes avec le boulgour. Ajoutez le jus de citron pressé, le reste d'huile, la menthe et le persil. Salez et poivrez.
5 Mélangez et réservez au frais jusqu'au moment de servir.

Aubergines farcies à la crétoise

VÉGÉTARIEN • *Pour 4 personnes.*

PRÉPARATION 30 MINUTES •
CUISSON 1 HEURE 5 MINUTES

Produits Bonneterre

70 g de boulgour
100 g de feta coupée en dés
3 c. à soupe d'huile d'olive fruitée
poivre noir en grains du moulin

Autres produits bio

4 aubergines
1 oignon rouge finement haché
1 gousse d'ail finement hachée
2 tomates coupées en dés
1 bouquet de basilic ciselé

Autres produits

sel

1 Préchauffez le four à 210 °C (th. 7). Entourez les aubergines de papier d'aluminium et enfournez pour 20 minutes. Sortez les aubergines du four, ôtez le papier et laissez-les refroidir. À l'aide d'un couteau, découpez un « chapeau » sur toute leur longueur. Évidez-les et coupez la chair obtenue en petits morceaux. Baissez la température du four à 180 °C (th. 6).
2 Dans une poêle, chauffez l'huile d'olive. Faites-y blondir l'oignon et l'ail. Ajoutez les dés de tomate, les morceaux d'aubergine et le boulgour. Salez, poivrez. Versez un peu d'eau et laissez mijoter 15 minutes en remuant. Retirez du feu, puis ajoutez la feta et le basilic.
3 Farcissez les aubergines avec cette préparation. Déposez-les dans un plat et arrosez-les d'un filet d'huile d'olive. Enfournez pour 30 minutes. Dégustez chaud.

Salade de roquette aux copeaux de parmesan

LÉGER – VÉGÉTARIEN • *Pour 4 personnes.*

PRÉPARATION 10 MINUTES

Produits Bonneterre

12 olives noires dénoyautées
18 cl d'huile d'olive vierge extra fruitée
poivre noir en grains du moulin

Autres produits bio

1 morceau de parmesan
400 g de roquette sauvage
3 c. à café de vinaigre balsamique

Autres produits

sel

1. Lavez à grande eau la roquette pour éliminer le sable. Égouttez-la et mettez-la dans un saladier. À l'aide d'un économe, coupez le parmesan en copeaux. Hachez les olives au couteau.
2. Préparez une vinaigrette avec l'huile d'olive et le vinaigre balsamique. Versez-la sur la roquette. Ajoutez les morceaux d'olive et le parmesan. Salez, poivrez et mélangez. Servez frais.

Suggestion

Vous pouvez agrémenter cette salade en ajoutant 2 grosses poignées de pignons de pin à la vinaigrette.

Carpaccio de betterave

EXPRESS – VÉGÉTARIEN • *Pour 4 personnes.*

PRÉPARATION 10 MINUTES • CUISSON 4 MINUTES

Produits Bonneterre

2 c. à soupe d'huile d'olive vierge extra fruitée
1 c. à soupe d'huile de noix
1 c. à café de miel de montagne
1 c. à soupe de pur jus de citron
4 gros œufs

Autres produits bio

100 g de mâche
2 betteraves cuites de taille identique

Autres produits

sel

1. Faites cuire les œufs pendant 4 minutes dans une casserole d'eau bouillante. Laissez-les refroidir, ouvrez-les et écrasez-les à la fourchette. Réservez.
2. Lavez et essorez la mâche. Mélangez le jus de citron et le miel de montagne. Ajoutez les deux huiles et salez. Assaisonnez la mâche en la « fatiguant » un peu. Réservez.
3. Coupez les betteraves en très fins pétales que vous disposerez sur des assiettes plates. Placez la mâche au centre et parsemez d'œuf écrasé. Servez frais.

Olives noires aux zestes d'orange

EXPRESS – CONVIVIAL • *Pour 6 personnes.*

PRÉPARATION 20 MINUTES • CUISSON 8 MINUTES

Produits Bonneterre

200 g d'olives noires nature

6 tranches de pain croustillant de seigle complet

2 c. à soupe d'huile d'olive vierge extra fruitée

poivre blanc moulu

Autres produits bio

2 oranges

1/2 citron

1 Préchauffez le four à 150 °C (th. 5). Dénoyautez les olives. Disposez-les dans un plat à four, arrosez-les d'huile et poivrez.
2 Prélevez les zestes des oranges. Plongez-les dans l'eau bouillante pour les blanchir pendant 3 minutes, égouttez-les et émincez-les finement. Mélangez-les avec les olives.
3 Pressez le citron. Versez le jus sur les zestes d'orange et les olives. Enfournez à mi-hauteur pour 5 minutes. Réservez.
4 Dressez les tranches de pain croustillant de seigle complet sur une assiette. Disposez les olives aux zestes d'orange dans un joli bol que vous placerez sur l'assiette. Servez.

Aubergines à la mousse de poivrons

VÉGÉTARIEN • *Pour 6 personnes.*

PRÉPARATION 25 MINUTES • CUISSON 45 MINUTES

Produits Bonneterre

6 c. à soupe d'huile d'olive fruitée

poivre noir en grains du moulin

Autres produits bio

4 aubergines

3 poivrons rouges

1/4 de concombre

2 gousses d'ail

quelques brins de fines herbes

Autres produits

sel

1 Préchauffez le four à 220 °C (th. 7-8). Lavez les aubergines et les poivrons. Disposez-les dans un plat et arrosez-les d'un filet d'huile d'olive (environ 1 c. à soupe). Enfournez pour 45 minutes.
2 Épluchez les gousses d'ail et écrasez-les avec la lame d'un couteau large en prenant soin d'ôter le germe.
3 Sortez les légumes du four. Ôtez la peau et les graines des poivrons. Mixez la chair avec le morceau de concombre lavé, égrainé, mais non épluché, et 2 c. à soupe d'huile d'olive. Salez et réservez.
4 Ôtez la peau des aubergines. Écrasez la chair à la fourchette en ajoutant l'ail écrasé, le poivre et 3 c. à soupe d'huile d'olive. Mélangez et réservez.
5 Munissez-vous de 6 petits verres à pied. Commencez par y déposer la purée d'aubergine, puis versez délicatement la mousse de poivrons. Décorez avec des brins de fines herbes. Dégustez à la petite cuillère.

Neige d'aubergines au pamplemousse

LÉGER – CONVIVIAL • *Pour 4 personnes.*

PRÉPARATION 15 À 20 MINUTES • CUISSON 12 MINUTES • RÉFRIGÉRATION 1 HEURE

Produits Bonneterre
15 cl d'huile d'olive vierge extra fruitée
1 c. à café de paprika moulu
2 c. à soupe de pur jus de pamplemousse

Autres produits bio
1 kg d'aubergines
2 gousses d'ail

Autres produits
sel

1 Lavez soigneusement les aubergines. Débarrassez-les de leurs extrémités et coupez-les en gros dés. Placez les morceaux obtenus dans un panier vapeur et faites-les cuire pendant environ 12 minutes.

2 Épluchez les gousses d'ail en prenant soin d'ôter le germe. Écrasez-les avec la lame d'un couteau large.

3 Une fois les aubergines cuites, mixez-les avec le jus de pamplemousse. Ajoutez l'ail écrasé, le paprika et l'huile d'olive. Salez et continuez à mixer jusqu'à obtenir une consistance mousseuse.

4 Versez la préparation dans de jolis verres de présentation ou dans des coupelles transparentes. Réservez le tout au réfrigérateur pendant 1 heure. Servez très frais.

Crumble de courgettes et basilic

VÉGÉTARIEN – CONVIVIAL • *Pour 4 personnes.*

PRÉPARATION 20 MINUTES • CUISSON 20 À 25 MINUTES

Produits Bonneterre
70 g de farine de blé T 150 complète
70 g de beurre de baratte doux
2 c. à soupe d'huile d'olive vierge extra fruitée
2 pincées de noix muscade
poivre noir en grains du moulin

Autres produits bio
100 g de parmesan
700 g de courgettes
3 échalotes
5 branches de basilic frais

Autres produits
sel

1 Préchauffez le four à 200 °C (th. 6-7). Beurrez un moule à gratin. Lavez le basilic, essorez-le parfaitement, puis hachez-le grossièrement. Pelez et hachez les échalotes. Lavez les courgettes et râpez-les à la grosse grille (ou coupez-les en lanières à l'aide d'un économe).
2 Détaillez le parmesan en copeaux avec un économe. Dans un saladier, mélangez les courgettes, le parmesan, le basilic, la muscade et les échalotes. Salez et poivrez. Faites revenir le tout dans une poêle chaude avec 1 c. à soupe d'huile d'olive pendant quelques minutes. Réservez.
3 Dans une jatte, mélangez la farine, le beurre, le sel et le reste d'huile d'olive. Travaillez cette pâte pour qu'elle « sable ». Donnez un tour de moulin à poivre.
4 Dans le moule à gratin, posez le mélange à base de courgettes et recouvrez-le de pâte. Enfournez pour 20 à 25 minutes. Servez chaud.

Riz d'été au thon et aux olives noires

TRADITION – LÉGER • *Pour 4 personnes.*

PRÉPARATION 20 MINUTES • CUISSON 20 À 30 MINUTES

Produits Bonneterre
200 g de riz de Camargue
1 boîte de thon au naturel
2 c. à soupe d'huile d'olive vierge extra fruitée
10 olives noires nature dénoyautées

Autres produits bio
10 grosses câpres
quelques feuilles de basilic
50 g de parmesan
250 g de ricotta

Autres produits
fleur de sel

1 Lavez le riz pour ôter toute trace d'amidon. Faites-le cuire à couvert pendant 20 à 30 minutes, avec juste assez d'eau salée pour le couvrir. Égouttez-le et laissez refroidir.
2 Dans un saladier, émiettez le thon. Mélangez-le avec les câpres coupées en quatre, la ricotta écrasée, les olives grossièrement hachées et la moitié des feuilles de basilic ciselées.
3 Faites frire le reste des feuilles de basilic lavées et essorées dans l'huile bouillante.
4 Coupez le parmesan en très fines lamelles.
5 Incorporez le riz au mélange à base de thon. Rectifiez l'assaisonnement. Décorez avec les feuilles de basilic frit et les lamelles de parmesan. Servez.

Terrines, tartes et croustillants

Feuilletés de chèvre aux pommes

LÉGER – VÉGÉTARIEN • *Pour 2 personnes.*

PRÉPARATION 20 MINUTES • CUISSON 30 MINUTES

Produits Bonneterre
1 pâte à tarte feuilletée
2 crottins de chèvre de 60 g chacun
1 jaune d'œuf

Autres produits bio
2 pommes

1 Ouvrez la pâte feuilletée et laissez-la à l'air libre 30 minutes. Préchauffez le four à 180 °C (th. 6) pendant 15 minutes. Découpez la pâte feuilletée en deux parts égales.
2 Pelez les pommes à l'aide d'un économe. Évidez-les et coupez-les en petits dés que vous disposerez sur chaque moitié de pâte.
3 Coupez les crottins de chèvre en deux. Placez deux moitiés de crottin sur chaque garniture de pommes et déposez chaque moitié sur les pommes. Refermez les feuilletés en roulant les extrémités.
4 À l'aide d'un pinceau, badigeonnez les feuilletés avec le jaune d'œuf afin qu'ils prennent une belle couleur dorée à la cuisson. Enfournez pour 30 minutes.
5 Dès qu'ils sont cuits, sortez les feuilletés du four. Dressez-les sur des assiettes de service et dégustez sans attendre.

SUGGESTION

Vous pouvez accompagner ces feuilletés d'une salade de mesclun.

Tourte aux courgettes et aux lardons

FAMILIAL • *Pour 6 personnes.*

PRÉPARATION 30 MINUTES • CUISSON 1 HEURE

Produits Bonneterre

2 pâtes à tarte feuilletées
1 paquet de lardons fumés
40 g de beurre de baratte doux
40 g de farine T 65 blanche
50 cl de lait demi-écrémé
1 jaune d'œuf
poivre blanc moulu
1 pincée de noix de muscade

Autres produits bio

4 courgettes

Autres produits

sel

1. Préchauffez le four à 220 °C (th. 7-8). Lavez et pelez les courgettes. Coupez-les en rondelles et faites-les cuire 20 minutes à la vapeur.
2. Préparez la béchamel : dans une casserole placée sur feu doux, faites fondre le beurre ; ajoutez la farine et mélangez en prenant soin de ne pas laisser roussir la préparation ; ajoutez progressivement le lait et laissez cuire 12 minutes à feu doux ; ajoutez la muscade, salez et poivrez.
3. Faites revenir les lardons dans une poêle pendant 5 minutes sans cesser de les tourner. Égouttez-les et incorporez-les à la béchamel
4. Déposez la première pâte feuilletée sur un moule à bord haut. Versez-y la moitié de la béchamel, disposez dessus les rondelles de courgette, nappez du reste de béchamel et poivrez.
5. Couvrez avec la seconde pâte et pincez les bords des deux pâtes pour refermer la tourte. Dorez au jaune d'œuf, puis formez une cheminée au centre de la tourte à l'aide d'un morceau de papier d'aluminium roulé. Enfournez pour 35 minutes. Dégustez chaud.

Quiche aux légumes du soleil

VÉGÉTARIEN – ÉCONOMIQUE • *Pour 6 personnes.*

PRÉPARATION 20 MINUTES • CUISSON 25 À 30 MINUTES

Produits Bonneterre

1 pâte à tarte feuilletée
6 gros œufs
25 cl de soja du chef
100 g d'emmental râpé
15 g de beurre de baratte doux
poivre noir en grains du moulin
1 pincée de noix de muscade

Autres produits bio

1 courgette
1 aubergine
2 tomates
1 gousse d'ail
1 oignon rouge
1/2 bouquet de basilic

Autres produits

sel

1. Disposez la pâte feuilletée dans un moule beurré. Piquez le fond avec les dents d'une fourchette.
2. Lavez les légumes. Coupez les courgettes et les aubergines en petits dés, ainsi que l'ail et l'oignon. Coupez les tomates en rondelles. Faites-les revenir à la poêle pour éliminer l'eau, puis disposez-les sur la pâte, en terminant avec les rondelles de tomate.
3. Préchauffez le four à 200 °C (th. 6-7). Dans un saladier, mélangez les œufs avec 1 pincée de sel, le soja, l'emmental râpé, un peu de poivre et la muscade. Versez cette préparation sur les légumes, puis disposez dessus les feuilles de basilic grossièrement coupées.
4. Enfournez pour 25 à 30 minutes. Dégustez chaud.

Terrine de fromage frais, tomates confites et légumes verts

VÉGÉTARIEN – CONVIVIAL • *Pour 6 personnes.*

PRÉPARATION 20 MINUTES • RÉFRIGÉRATION 12 HEURES

Produits Bonneterre

400 g de fromage de chèvre frais égoutté
3 c. à soupe d'huile d'olive aux herbes de Provence

Autres produits bio

4 courgettes de taille moyenne
8 tomates confites
1 bouquet de ciboulette hachée au couteau
5 branches de persil plat haché au couteau
1 poignée de graines de sésame

Autres produits

sel

1 Lavez les courgettes. Tranchez-les dans le sens de la longueur avec une mandoline.
2 Dans un saladier, mélangez le fromage frais avec les herbes, les tomates confites et l'huile d'olive. Salez. Tapissez l'intérieur d'une terrine de papier sulfurisé en le laissant déborder.
3 Montez la terrine : disposez les courgettes, puis la préparation au fromage, saupoudrez de graines de sésame. Rabattez le papier et pressez bien la préparation.
4 Réservez au réfrigérateur pendant au moins 12 heures. Démoulez et servez.

Chips de légumes

EXPRESS – LÉGER – VÉGÉTARIEN • *Pour 4 personnes.*

PRÉPARATION 10 MINUTES • CUISSON 10 MINUTES

Produits Bonneterre

6 fines galettes de riz complet
olives noires à la provençale
10 cl d'huile d'olive vierge extra fruitée
poivre noir en grains du moulin

Autres produits bio

3 carottes
2 aubergines
2 courgettes

Autres produits

sel

1 Lavez et pelez les carottes. Lavez les aubergines et les courgettes sans les peler. Tranchez tous les légumes en fines rondelles avec une mandoline.
2 Préchauffez le four à 200 °C (th. 6-7). Sur une plaque de cuisson, disposez une feuille de papier sulfurisé. Étalez les carottes dessus. Recouvrez d'une autre feuille de papier sulfurisé. Étalez les aubergines dessus. Recommencez l'opération pour les courgettes.
3 Enfournez pour 10 minutes en surveillant la cuisson : les légumes ne doivent pas griller et doivent rester croustillants.
4 Répartissez les olives noires hachées sur les galettes de riz. Surmontez-les des chips de légumes. Salez et poivrez. Arrosez d'un filet d'huile d'olive et servez.

Tarte au saumon et aux poireaux

EXPRESS • *Pour 8 personnes.*

PRÉPARATION 10 MINUTES • CUISSON 40 MINUTES

Produits Bonneterre

1 pâte à tarte brisée
200 g de saumon fumé irlandais
5 gros œufs
3 c. à soupe de crème fraîche épaisse
15 g de beurre de baratte doux
poivre noir en grains du moulin

Autres produits bio

200 g de poireaux

Autres produits

sel

1. Lavez les poireaux et coupez-les en tronçons. Dans une casserole, faites-les fondre à feu doux avec le beurre environ 10 minutes. Laissez refroidir.
2. Coupez le saumon fumé en fines lanières.
3. Dans une terrine, battez les œufs en omelette. Incorporez la crème fraîche, les poireaux et le saumon fumé. Salez et poivrez.
4. Préchauffez le four à 200 °C (th. 6-7).Chemisez un moule à tarte avec la pâte brisée et son papier cuisson. Piquez le fond avec une fourchette avant d'y verser la préparation. Enfournez pour 30 minutes environ. Dégustez tiède.

Soufflé au fromage

LÉGER • *Pour 4 personnes.*

PRÉPARATION 20 MINUTES • CUISSON 25 MINUTES

Produits Bonneterre

100 g d'emmental râpé
50 g de farine T 65 blanche
60 g de beurre de baratte doux
4 gros œufs
15 cl de lait entier
25 cl de soja du chef
poivre en grains du moulin
1 pincée de noix de muscade

Autres produits

sel

1. Beurrez généreusement un moule à soufflé.
2. Préparez une béchamel très épaisse : faites fondre 50 g de beurre, mélangez avec la farine, puis mouillez avec le lait et le soja du chef ; assaisonnez de sel, de poivre et de muscade. Retirez du feu. Ajoutez 10 g de beurre et le fromage. Laissez refroidir.
3. Cassez les œufs en séparant les blancs des jaunes. Incorporez les jaunes à la préparation en remuant vivement. Montez les blancs en neige ferme. Mélangez-les délicatement à la préparation précédente.
4. Versez cet appareil dans le moule à soufflé. Faites cuire à four moyen 25 minutes et servez aussitôt.

Croustillants de mozzarella

EXPRESS – CONVIVIAL • *Pour 6 personnes.*

PRÉPARATION 10 MINUTES • CUISSON 6 À 8 MINUTES

Produits Bonneterre

2 c. à soupe d'olives vertes dénoyautées
2 c. à soupe d'huile d'olive vierge extra fruitée
3 c. à soupe d'huile d'olive au basilic
1 c. à soupe de vinaigre de vin

Autres produits bio

150 g de roquette
2 mozzarella di buffala
3 tomates
3 c. à soupe de feuilles de basilic ciselées
6 feuilles de brick

1 Préchauffez le four à 180 °C (th. 6). Coupez les olives en petits dés. Mélangez l'huile au basilic et le vinaigre.

2 Coupez chaque boule de mozzarella en 3 grosses tranches. Disposez-les sur du papier absorbant. Épépinez les tomates et coupez-les en petits dés. Égouttez-les.

3 Étalez les feuilles de brick. Posez une tranche de mozzarella au centre de chaque feuille, parsemez-la de dés de tomates et de basilic. Repliez les feuilles de brick en forme de bourse et fermez-les avec un cure-dent. Badigeonnez-les d'huile d'olive vierge.

4 Disposez-les dans un plat et enfournez pour 6 à 8 minutes, jusqu'à ce que les croustillants soient dorés.

5 Répartissez la roquette sur le plat de service. Arrosez-la de vinaigrette. Parsemez de dés d'olive. Posez les croustillants dessus et servez.

Soupes, pâtes et risottos

Potage de potiron aux miettes de châtaigne

VÉGÉTARIEN – CONVIVIAL • *Pour 4 personnes.*

PRÉPARATION 10 MINUTES • CUISSON 25 MINUTES

Produits Bonneterre

1 litre de lait stérilisé UHT entier
1 c. à soupe de semoule fine de blé dur complet
4 c. à soupe de crème fraîche
15 g de beurre de baratte doux
poivre noir en grains du moulin

Autres produits bio

150 g de marrons entiers en bocal
600 g de potiron

Autres produits

sel fin

1. Fragmentez grossièrement les marrons avec les doigts. Dans une poêle antiadhésive, faites fondre le beurre. Mettez-y les marrons et poêlez-les 5 minutes à feu doux en remuant avec une cuillère en bois. Transvasez-les dans une assiette creuse et écrasez-les avec une fourchette. Réservez.
2. Pelez le potiron et coupez la chair en petits morceaux. Mettez-les dans une casserole, couvrez d'eau salée et portez à ébullition. Laissez cuire 20 minutes, puis mixez.
3. Faites chauffer le lait 5 minutes, salez et poivrez. Versez la semoule en mélangeant vivement et laissez cuire 10 minutes. Mélangez les deux préparations et versez le potage dans une soupière. Ajoutez la crème fraîche. Rectifiez l'assaisonnement.
4. Répartissez les miettes de marron sur le potage. Dégustez sans attendre.

Soupe de pois chiches parfumée au romarin

VÉGÉTARIEN – ÉCONOMIQUE • *Pour 4 personnes.*

PRÉPARATION 10 MINUTES • REPOS 24 HEURES • CUISSON 30 À 40 MINUTES

Produits Bonneterre

200 g de pois chiches

50 g de pâtes « Hélices » complètes (facultatif)

1 c. à soupe d'huile d'olive artisanale première pression à froid

Autres produits bio

1 tomate mûre

1 gousse d'ail

1 piment fort

1 petite branche de romarin

Autres produits

sel fin

1 La veille, plongez les pois chiches dans de l'eau et laissez les ramollir 24 heures. Le jour même, faites-les cuire environ 15 minutes.
2 Épluchez la gousse d'ail en prenant soin d'ôter le germe, puis hachez-la finement. Fragmentez le piment. Lavez la tomate et coupez-la en petits dés. Chauffez l'huile d'olive dans un faitout. Faites-y revenir l'ail et le piment. Ajoutez la tomate et la branche de romarin. Laissez cuire 3 minutes à feu doux.
3 Incorporez les pois chiches égouttés et laissez-les prendre la saveur de la mixture. Couvrez avec 1 litre d'eau et salez. Laissez revenir à petits bouillons 15 minutes. Si vous souhaitez obtenir une soupe très nourrissante, ajoutez les hélices et prolongez la cuisson 10 minutes.
4 Avant de servir, ôtez la branche de romarin. Dégustez chaud.

Minestrone à la toscane

TRADITION – ÉCONOMIQUE – VÉGÉTARIEN • *Pour 6 personnes.*

PRÉPARATION 30 MINUTES • REPOS 12 HEURES • CUISSON 1 HEURE 30 MINUTES

Produits Bonneterre

100 g de haricots cocos blancs

100 g de haricots rouges

50 g de pois cassés

2 c. à soupe d'huile d'olive vierge extra fruitée

poivre noir en grains du moulin

Autres produits bio

2 poireaux

2 carottes

1/2 chou

150 g de blettes

1 oignon

2 gousses d'ail

quelques feuilles de basilic ciselées

Autres produits

sel fin

1 Faites tremper les haricots 12 heures.
2 Faites cuire les haricots et les pois cassés dans un grand faitout d'eau salée pendant 1 heure. Égouttez-les en prenant soin de réserver l'eau de cuisson. Prélevez la moitié des légumes et écrasez-les (ou mixez-les).
3 Épluchez les gousses d'ail en prenant soin d'ôter le germe. Épluchez également l'oignon et les carottes. Hachez le tout grossièrement, puis faites revenir dans une poêle avec 1 c. à soupe d'huile d'olive. Lavez les poireaux, le chou et les blettes. Détaillez-les.
4 Réunissez tous les légumes dans un faitout, couvrez avec du jus de cuisson réservé. Salez, poivrez et laissez cuire 30 minutes à feu doux. Parfumez d'un filet d'huile d'olive et de basilic. Servez tiède dans des bols en terre cuite individuels.

Velouté de cresson aux noisettes rôties

VÉGÉTARIEN • *Pour 4 personnes.*

PRÉPARATION 10 MINUTES • CUISSON 30 MINUTES

Produits Bonneterre
10 noisettes décortiquées
5 cl de crème fraîche épaisse
50 g de beurre de baratte doux
1 jaune d'œuf
poivre noir en grains du moulin

Autres produits bio
1 botte de cresson
250 g de pommes de terre
1 blanc de poireau

Autres produits
sel gris
sel fin

1 Effeuillez le cresson, lavez les feuilles et égouttez-les bien. Pelez les pommes de terre et coupez-les en petits dés. Émincez le blanc de poireau. Cassez les noisettes en gros morceaux. Faites-les légèrement griller à sec dans une poêle antiadhésive.

2 Faites suer l'émincé de poireau pendant 2 minutes dans le beurre. Ajoutez les feuilles de cresson et poursuivez la cuisson 2 minutes. Mouillez avec 75 cl d'eau. Ajoutez les pommes de terre et salez avec le sel gris. Mélangez, portez à ébullition et laissez cuire 25 minutes à petits bouillons.

3 Mixez le tout, rectifiez l'assaisonnement, puis versez le velouté dans une cocotte.

4 Fouettez le jaune d'œuf avec la crème. Lorsque le velouté est bien chaud, laissez-le réduire à feu doux en incorporant petit à petit ce mélange. Servez avec les noisettes rôties.

Gaspacho

VÉGÉTARIEN – LÉGER • *Pour 6 personnes.*

PRÉPARATION 20 MINUTES • RÉFRIGÉRATION 1 HEURE

Produits Bonneterre
1 tranche de pain de mie
20 cl d'huile d'olive vierge extra fruitée
1 c. à soupe de vinaigre de vin
poivre gris moulu

Autres produits bio
10 tomates
1 concombre
1/2 poivron vert
1/2 poivron rouge
1 gousse d'ail
1 oignon
3 échalotes

Autres produits
sel

1 Portez une casserole d'eau à ébullition. Plongez-y les tomates 1 minute, puis passez-les immédiatement sous l'eau froide. Ôtez la peau et les pépins. Coupez-les en morceaux.

2 Pelez le concombre avec un économe en laissant quelques lanières de peau. Débarrassez-le de ses grains et coupez-le en morceaux. Lavez les poivrons, égrainez-les et coupez-les en morceaux.

3 Imbibez la tranche de pain de mie avec le vinaigre et la moitié de l'huile d'olive. Épluchez l'ail, l'oignons et les échalotes. Broyez le tout dans un mixeur. Ajoutez les tomates, le concombre et les poivrons. Mixez à nouveau. Versez le reste de l'huile d'olive, salez et poivrez. Actionnez une dernière fois l'appareil.

4 Versez la soupe obtenue dans un récipient. Réservez au moins 1 heure au réfrigérateur avant de servir.

Suggestion

Le gaspacho est délicieux accompagné de tranches de pain grillées.

Soupe miso aux crevettes

EXOTIQUE – VÉGÉTARIEN - EXPRESS • *Pour 6 personnes.*

PRÉPARATION 10 MINUTES • CUISSON 20 MINUTES

Produits Bonneterre
500 g de crevettes décortiquées surgelées
125 g de tofu nature

Autres produits bio
6 sachets de soupe miso
1 bouquet de ciboulette
6 c. à café de sauce soja shoyu

Autres produits
1 pincée de gros sel

1 Remplissez une casserole d'eau et faites-la chauffer. Plongez-y les crevettes 15 minutes afin de les faire décongeler.
2 Jetez le gros sel dans une poêle antiadhésive. Placez-y les crevettes et poêlez-les 4 minutes en les retournant régulièrement. Laissez-les refroidir.
3 Remplissez 6 bols d'eau bouillante et versez 1 sachet de soupe miso dans chacun. Mélangez.
4 Coupez le morceau de tofu en petits cubes. Lavez et ciselez finement la ciboulette.
5 Répartissez les cubes de tofu et la ciboulette ciselée dans les bols. Assaisonnez chaque soupe avec 1 c. à café de shoyu. Déposez 4 ou 5 crevettes dans chaque bol. Servez et dégustez sans attendre.

Velouté de carottes au cumin

EXOTIQUE - VÉGÉTARIEN • *Pour 4 personnes.*

PRÉPARATION 15 MINUTES • CUISSON 30 MINUTES

Produits Bonneterre
1 cube de bouillon de légumes
20 cl de crème fraîche épaisse
10 g de beurre de baratte doux
1 c. à soupe d'huile d'olive vierge extra fruitée
poivre noir en grains du moulin
2 pincées de cumin en poudre

Autres produits bio
600 g de carottes
quelques feuilles de coriandre
le jus d'1 orange
1 oignon
1 morceau de sucre
2 pincées de graines de cumin

Autres produits
sel

1 Lavez et épluchez les carottes. Coupez-les en rondelles. Épluchez et hachez l'oignon. Dans une cocotte, faites revenir les carottes et l'oignon avec l'huile d'olive et le beurre. Ajoutez le cumin en poudre et poursuivez la cuisson 5 minutes à feu doux. Salez et poivrez.

2 Ajoutez le cube de bouillon, le morceau de sucre et 50 cl d'eau. Portez à ébullition, couvrez et laissez cuire à petits bouillons 20 minutes : les carottes doivent être tendres.

3 Passez les carottes et l'oignon au mixeur en ajoutant peu à peu le liquide de cuisson. Versez le jus d'orange et la crème dans la cocotte. Laissez bouillir et épaissir. Ajoutez le contenu du mixeur.

4 Répartissez le velouté dans les assiettes, saupoudrez de graines de cumin et de feuilles de coriandre. Servez.

Soupe à l'oignon

TRADITION – VÉGÉTARIEN • *Pour 4 personnes.*

PRÉPARATION 10 MINUTES • CUISSON 35 MINUTES

Produits Bonneterre
150 g d'emmental râpé
50 g de beurre de baratte doux
poivre noir en grains du moulin

Autres produits bio
600 g d'oignons doux
8 tranches de pain grillé

Autres produits
sel fin

1 Épluchez les oignons, puis coupez-les en tranches. Faites-les revenir 5 minutes dans une poêle avec deux grands verres d'eau et le beurre. Dès qu'ils ont atteint une couleur caramel clair (prenez soin de ne pas les laisser brunir), mettez-les dans une casserole avec 1 litre d'eau salée. Salez et poivrez. Laissez cuire 30 minutes.

2 Versez la soupe dans 4 bols pouvant aller au four. Parsemez la surface de fromage râpé , poivrez et faites gratiner 1 minute sous le gril. Sortez du four avec un gant de cuisson.

3 Faites griller les tranches de pain et servez-les en accompagnement de la soupe. Dégustez chaud.

Tagliatelles aux cèpes et aux copeaux de truffe

TRADITION – EXPRESS – VÉGÉTARIEN • *Pour 4 personnes.*

PRÉPARATION 10 MINUTES • CUISSON 7 MINUTES

Produits Bonneterre
400 g de tagliatelles fraîches
10 cl de crème fraîche épaisse
20 g de beurre de baratte doux
poivre noir en grains du moulin

Autres produits bio
100 g de cèpes
5 à 10 g de truffe

Autres produits
sel

1 Portez à ébullition un grand faitout d'eau salée. Au premier bouillon, plongez-y les tagliatelles et laissez cuire 3 minutes.
2 Lavez et brossez délicatement les cèpes. Détaillez-les en petits morceaux. Mettez le beurre à fondre dans une poêle antiadhésive, puis faites-y dorer les morceaux de cèpes. Réservez au chaud.
3 Versez la crème fraîche dans une casserole et faites-la chauffer à feu doux. Poivrez et salez légèrement. Réservez au chaud.
4 Détaillez la truffe en petits copeaux avec un économe. Réservez.
5 Égouttez les pâtes et mettez-les dans un plat de service. Ajoutez aussitôt la crème fraîche et mélangez bien. Parsemez de copeaux de truffes et de cèpes poêlés. Mélangez et servez sans attendre.

Guirlandelles aux aubergines et à la mozzarella

VÉGÉTARIEN • *Pour 4 personnes.*

PRÉPARATION 10 MINUTES • CUISSON 30 MINUTES

Produits Bonneterre
400 g de guirlandelles
6 c. à soupe d'huile d'olive au basilic
poivre noir en grains du moulin

Autres produits bio
2 aubergines
150 g de mozzarella di buffala
4 brins de basilic
parmesan râpé

Autres produits
sel

1 Préchauffez le four à 210 °C (th. 7). Lavez les aubergines et coupez-les en rondelles d'environ 1 cm d'épaisseur. Huilez-les sur les deux faces et posez-les sur une plaque antiadhésive. Enfournez pour 30 minutes.

2 Coupez la mozzarella en lamelles et ciselez le basilic.

3 Faites cuire les guirlandelles « al dente » dans de l'eau bouillante salée. Égouttez-les et disposez-les dans un plat creux.

4 Nappez-les avec le reste d'huile d'olive au basilic et mélangez. Ajoutez les aubergines.

5 Parsemez de mozzarella et de basilic frais. Donnez quelques tours de moulin à poivre. Servez sans attendre, accompagné de parmesan râpé.

Hélices complètes au jambon sec

CONVIVIAL – ÉCONOMIQUE • *Pour 4 personnes.*

PRÉPARATION 10 MINUTES • CUISSON 10 MINUTES

Produits Bonneterre
1 paquet de pâtes « hélices » au blé complet
4 tranches de jambon sec
50 g d'emmental râpé
50 g de beurre de baratte doux
poivre noir en grains du moulin

Autres produits
sel

1 Découpez les tranches de jambon en fines lanières. Réservez.

2 Portez à ébullition une grande casserole d'eau salée. Au premier bouillon, jetez-y les pâtes et laissez cuire environ 10 minutes. Égouttez-les.

3 Ajoutez aussitôt le beurre et mélangez. Assaisonnez de sel et de poivre. Parsemez d'emmental râpé. Mélangez, puis recouvrez de lanières de jambon. Servez chaud.

Risotto d'épeautre à la courge

VÉGÉTARIEN - CONVIVIAL • *Pour 4 personnes.*

PRÉPARATION 10 MINUTES • CUISSON 45 MINUTES

Produits Bonneterre
200 g d'épeautre décortiqué
1 cube de bouillon de légumes
3 c. à soupe d'huile d'olive artisanale
poivre noir en grains du moulin

Autres produits bio
1/4 de courge bien mûre
1 oignon blanc
1/2 verre de vin blanc d'Alsace (sylvaner ou riesling)
20 g de parmesan

Autres produits
sel

1 Épluchez la courge et coupez-la en petits dés. Épluchez l'oignon et émincez-le. Remplissez une casserole d'eau et portez à ébullition. Plongez-y le cube et laissez le bouillon sur un feu très doux.

2 Dans une sauteuse, faites blondir l'oignon avec l'huile d'olive et un verre d'eau. Ajoutez les dés de courge et laissez cuire à feu doux environ 10 minutes. Versez le vin blanc et l'épeautre. Remuez doucement la préparation avec une cuillère en bois. Arrosez régulièrement avec le bouillon pendant environ 30 minutes, en laissant le risotto absorber peu à peu le liquide. Dès que la préparation a atteint une consistance crémeuse, n'ajoutez plus de bouillon. Le risotto ne doit être ni trop liquide ni trop dense.

3 Coupez le parmesan en copeaux. Dressez le risotto sur un plat de service, parsemez de parmesan et dégustez sans attendre.

Conseil pratique

Cette recette peut être réalisée avec d'autres légumes que la courge : artichauts, petits pois ou courgettes se marient très bien avec l'épeautre.

Viandes

Tajine d'agneau aux pruneaux

EXOTIQUE – CONVIVIAL • *Pour 6 personnes.*

PRÉPARATION 10 MINUTES • REPOS 10 MINUTES • CUISSON 40 MINUTES

Produits Bonneterre
1 gigot d'agneau coupé en morceaux
1 gigot en tranches coupé en morceaux
300 g de pruneaux lavés et gonflés dans l'eau
100 g d'amandes effilées
1 c. à café de gingembre en poudre
1 c. à café de cannelle en poudre
1 c. à soupe de graines de sésame
4 c. à soupe d'huile d'olive vierge extra fruitée

Autres produits bio
2 citrons confits au sel découpés en rondelles
1 oignon moyen
3 gousses d'ail
1 c. à soupe de sucre roux en poudre
1 bouquet de coriandre
1 bâton de cannelle

Autres produits
sel

1 Épluchez et hachez l'oignon et l'ail. Dans une grande casserole, mélangez soigneusement les morceaux de viande, l'huile d'olive, le gingembre, le bâton de cannelle, la moitié du bouquet de coriandre, l'oignon et l'ail. Salez et laissez ces ingrédients s'amalgamer pendant 10 minutes en remuant de temps en temps. Couvrez d'eau, ajoutez les citrons confits et faites cuire à couvert 35 minutes à feu moyen.
2 Versez deux louches de la sauce obtenue dans une petite casserole. Ajoutez le sucre et la cannelle en poudre, puis les pruneaux. Laissez mijoter 5 minutes.
3 Faites dorer à sec les amandes effilées, puis les graines de sésame.
4 Dressez la viande et les pruneaux sur le plat de service. Arrosez de sauce. Décorez avec les amandes dorées, le sésame et le reste de coriandre. Servez chaud.

SUGGESTION

Le tajine est délicieux servi avec du couscous blanc supérieur (comptez 300 g pour 6 personnes).

Poulet au miel, citron et coriandre, parfumé à la vanille

CONVIVIAL – FAMILIAL • *Pour 4 à 6 personnes.*

PRÉPARATION 5 MINUTES • CUISSON 1 HEURE 30 MINUTES

Produits Bonneterre

1 poulet fermier moyen
2 c. à soupe de miel de montagne
1 gousse de vanille

Autres produits bio

1/2 citron
1 botte de coriandre
1 c. à soupe de vinaigre balsamique

1. Enfournez le poulet à four froid et à la broche. Dans la lèchefrite, versez deux grands verres d'eau et la gousse de vanille ouverte dans le sens de la longueur. Entrouvrez légèrement le four. Laissez le poulet cuire ainsi pendant 1 heure 30 minutes en le badigeonnant régulièrement de jus avec un pinceau.
2. Quelques minutes avant la fin de la cuisson, recueillez le jus du poulet dans une poêle. Déglacez avec le vinaigre balsamique, ajoutez le jus de citron et le miel, puis laissez épaissir 1 minute à feux doux.
3. Découpez le poulet et arrosez-le de sauce. Décorez-le avec la gousse de vanille et la coriandre grossièrement hachée. Servez chaud.

Foie gras sur pain d'épices

CONVIVIAL – EXPRESS • *Pour 4 personnes.*

PRÉPARATION 15 MINUTES • CUISSON 4 À 5 MINUTES

Produits Bonneterre

200 g de foie gras entier mi-cuit au torchon
1 pain d'épices tout miel
50 g de beurre de baratte doux
2 c. à soupe de vinaigre de cidre
1 c. à soupe d'huile d'argan
1 c. à soupe d'huile d'olive vierge extra fruitée
poivre noir en grains du moulin

Autres produits bio

300 g de mesclun
quelques grains de raisin rouge

Autres produits

sel

1. Coupez le foie gras en tranches.
2. Lavez le mesclun. Assaisonnez-le avec les deux huiles et le vinaigre de cidre. Salez.
3. Coupez le pain d'épices en tranches de 2 cm d'épaisseur. Dans une poêle, faites-les revenir à feu doux avec le beurre fondu pendant 2 minutes.
4. Posez une tranche de pain d'épices dans chaque assiette. Recouvrez avec une tranche de foie et poivrez. Dressez le mesclun autour. Décorez avec des grains de raisin. Servez.

Suggestion

Vous pouvez également accompagner ce plat de figues fraîches (comptez 1/2 figue par assiette), dont la saveur se marie très bien avec le foie gras.

Filets de canard caramélisés au vinaigre de cidre

CONVIVIAL – EXPRESS • *Pour 6 personnes.*

PRÉPARATION 10 MINUTES • CUISSON 10 MINUTES

Produits Bonneterre

3 filets de canard
2 c. à soupe de miel crémeux de Champagne
2 c. à soupe de vinaigre de cidre
poivre blanc moulu

Autres produits bio

1 échalote ciselée
10 cl de vin rouge

Autres produits

sel

1. Dégraissez partiellement les filets de canard, puis incisez la peau en formant des croisillons. Salez et poivrez chaque côté.
2. Mélangez le miel et le vinaigre dans un bol.
3. Chauffez une poêle. Déposez-y les filets de canard côté peau et laissez cuire 4 minutes. Retournez-les et laissez cuire encore 4 minutes. Sortez-les de la poêle. Badigeonnez-les du mélange miel-vinaigre et laissez-les reposer 5 minutes.
4. Videz la graisse de la poêle, ajoutez l'échalote et le vin rouge. Laissez réduire de trois quarts. Versez dans la poêle le jus qui a coulé des filets de canard.
5. Coupez les filets de canard en fines tranches. Servez un demi-filet par personne, arrosé de sauce.

Filets mignons à la dijonnaise

TRADITION • *Pour 4 personnes.*

PRÉPARATION 10 MINUTES • REPOS 12 HEURES • CUISSON 30 MINUTES

Produits Bonneterre

2 filets mignons de porc de 300 g
1 pot de moutarde entière de Dijon
125 g de beurre de baratte doux
15 cl d'huile de tournesol
20 cl de crème fraîche épaisse

Autres produits bio

1 oignon

1. Badigeonnez copieusement les filets mignons avec la moutarde. Enveloppez-les dans du film alimentaire et laissez-les reposer 12 heures au frais, afin que la viande s'imprègne du parfum de la moutarde.
2. Épluchez et émincez l'oignon. Faites revenir les filets mignons dans une sauteuse contenant le beurre et l'huile. Quand la viande est dorée, ajoutez les oignons et laissez dorer quelques minutes.
3. Versez 25 cl d'eau et poursuivez la cuisson 30 minutes à couvert et à feu doux. Dès que les filets sont cuits, dressez-les sur un plat de service. Déglacez la sauce avec la crème fraîche et nappez-en la viande.

Suggestion

Les filets mignons à la dijonnaise sont délicieux accompagnés d'une purée de pommes de terre maison.

Sauté de bœuf et légumes croquants

EXOTIQUE • *Pour 4 personnes.*

PRÉPARATION 20 MINUTES • CUISSON 10 MINUTES

Produits Bonneterre
700 g de rumsteck
3 c. à soupe d'huile d'olive vierge extra fruitée
200 g de riz basmati

Autres produits bio
5 c. à soupe de sauce soja shoyu
1 c. à soupe de vinaigre de riz
3 c. à soupe de farine de maïs
2 carottes, 1 courgette, 1 tomate, 1 gousse d'ail
1 c. à café de sucre de canne roux en semoule

Autres produits
sel

1 Faites cuire le riz basmati 10 minutes dans une casserole d'eau bouillante légèrement salée.

2 Dans un bol, mélangez la sauce shoyu, le vinaigre et 1 c. à soupe d'huile. Découpez la viande en fines lanières. Trempez-les dans la sauce, puis enrobez-les de farine de maïs en prenant soin d'éliminer l'excédent. Faites-les dorer 30 secondes à feu vif dans un wok contenant 1 c. à soupe d'huile. Égouttez-les sur du papier absorbant.

3 Nettoyez le wok. Détaillez les carottes épluchées et la courgette en allumettes. Faites-les sauter 1 minute à feu vif dans le wok contenant 1 c. à soupe d'huile. Saupoudrez de sucre. Ajoutez la marinade au shoyu, la tomate coupée en dés et la gousse d'ail pilée. Laissez revenir 3 minutes. Ajoutez la viande et chauffez l'ensemble 30 secondes. Dressez sur des assiettes avec le riz.

Navarin d'agneau aux légumes de printemps

CONVIVIAL – TRADITION • *Pour 4 personnes.*

PRÉPARATION 30 MINUTES •
CUISSON 1 HEURE 50 MINUTES

Produits Bonneterre
600 g d'épaule d'agneau roulée
2 c. à soupe d'huile d'olive vierge extra fruitée
poivre noir en grains du moulin

Autres produits bio
300 g d'oignons nouveaux
400 g de carottes nouvelles
200 g de navets nouveaux
400 g de petits pois frais
1 bouquet garni

Autres produits
sel

1 Épluchez et émincez les oignons. Lavez et épluchez les carottes, coupez-les en tronçons. Lavez et épluchez les navets, coupez-les en quartiers.

2 Coupez l'épaule en morceaux. Faites-les revenir dans l'huile d'olive avec les légumes préparés (réservez les petits pois). Quand tous les ingrédients sont bien dorés, salez et poivrez. Ajoutez le bouquet garni et laissez cuire 1 heure 50 minutes à feu doux. Au bout de 30 minutes de cuisson, ajoutez les petits pois.

3 En fin de cuisson, ôtez le bouquet garni. Dressez dans un plat creux et servez sans attendre.

Pastilla de dinde

CONVIVIAL – EXOTIQUE • *Pour 6 personnes.*

PRÉPARATION 30 MINUTES • CUISSON 1 HEURE 10 MINUTES

Produits Bonneterre
3 escalopes de dinde
25 cl d'huile d'olive vierge extra fruitée
6 œufs frais
100 g de beurre de baratte doux
3 c. à café de cannelle en poudre
poivre noir en grains du moulin

Autres produits bio
6 oignons
10 feuilles de brick
1 bouquet de persil plat, 1 bouquet de coriandre
1 orange
5 feuilles de menthe ciselée
2 c. à soupe de sucre glace

Autres produits
sel

1 Chauffez l'huile d'olive dans une poêle. Faites-y dorer les escalopes entières quelques minutes sur chaque face. Salez et poivrez. Réservez.
2 Épluchez et hachez les oignons. Mettez-les dans une casserole et mouillez avec deux verres d'eau. Faites-les cuire 20 minutes à feu doux et à couvert. Surveillez la cuisson en remuant avec une spatule en bois.
3 Cassez les œufs dans un récipient, battez-les en omelette. Réservez.
4 Lavez le persil et la coriandre, hachez-les finement. Détaillez les escalopes en tout petits morceaux. Mettez la viande et les herbes dans un grand récipient et mélangez avec les œufs pour obtenir une farce homogène. Incorporez les oignons, puis la menthe ciselée. Faites cuire la farce à couvert pendant 20 minutes. Ajoutez le zeste et le jus d'orange en fin de cuisson. Préchauffez le four à 220 °C (th. 7-8).
5 Procédez au montage de la pastilla : munissez-vous d'un plat rond à bord haut allant au four, badigeonnez-le de beurre. Disposez les feuilles de brick en rosace en les laissant déborder du plat. Remplissez avec la farce tiède, puis rabattez les bords des feuilles de brick pour fermer la pastilla. À l'aide d'un pinceau, faites adhérer les feuilles avec le reste de beurre que vous aurez fait fondre.
6 Enfournez pour 30 minutes. Démoulez et dressez sur un plat de service. Mélangez le sucre glace et la cannelle. Saupoudrez-en la pastilla à l'aide d'un petit chinois. Servez chaud.

Tartare et tartare poêlé

TRADITION – EXPRESS • *Pour 4 personnes.*

PRÉPARATION 20 MINUTES • CUISSON 15 MINUTES

Pour le tartare

Produits Bonneterre
500 g de steaks hachés frais
2 jaunes d'œufs
2 c. à soupe de mayonnaise
2 cornichons extra-fins
1 c. à soupe de moutarde de Dijon
poivre noir en grains du moulin

Autres produits bio
quelques gouttes de sauce piquante
le jus d'1/2 citron non traité
2 oignons hachés

Autres produits
sel

Pour le tartare poêlé

Produits Bonneterre
500 g de steaks hachés frais

Autres produits bio
2 oignons hachés, 2 échalotes hachées
1 bouquet de persil plat
poivre noir en grains du moulin

Autres produits
sel

Pour les garnitures

Produits Bonneterre
1 bocal de haricots verts extra-fins
20 g de beurre de baratte demi-sel
1 l d'huile de tournesol

Autres produits bio
1 kg de pommes de terre nouvelles
1 gousse d'ail

1 Tartare.
Dans un saladier, mélangez la viande hachée et le jus de citron ; incorporez les cornichons coupés en petits morceaux, les oignons, les jaunes d'œufs, la mayonnaise, la moutarde et la sauce piquante ; salez et poivrez. Répartissez le tartare dans les assiettes.

2 Garnitures.
Épluchez les pommes de terre avec un économe, coupez-les en allumettes dans la longueur. Chauffez l'huile dans une friteuse et plongez-y les frites 4 minutes. Salez. Faites revenir les haricots verts 5 minutes dans une poêle à feu doux avec le beurre salé et la gousse d'ail hachée.

3 Tartare poêlé.
Lavez le persil, coupez les queues à mi-hauteur et hachez-le. Dans un saladier, mélangez la viande avec les oignons, les échalotes et le persil ; salez et poivrez. Reconstituez les steaks. Huilez une poêle et saisissez-les à feu vif 1 minute sur chaque face. Dressez les assiettes avec les garnitures.

Curry d'agneau aux aubergines confites

EXOTIQUE • *Pour 4 personnes.*

PRÉPARATION 20 MINUTES • CUISSON 2 HEURES 20 MINUTES

Produits Bonneterre
750 g d'épaule d'agneau désossée
1 bocal d'aubergines cuisinées
20 cl d'huile d'olive vierge extra fruitée
1 c. à soupe de curry en poudre
1/2 cube de bouillon de légumes
1/2 c. à café de gingembre moulu
poivre noir en grains du moulin

Autres produits bio
750 g de tomates
3 gousses d'ail
2 oignons
1/2 bâtonnet de cannelle

Autres produits
sel

1 Pelez et hachez finement les gousses d'ail. Ébouillantez les tomates, pelez-les et concassez-les.
2 Épluchez et émincez les oignons. Faites-les suer pendant 20 minutes dans une cocotte avec 10 cl d'huile d'olive. Ajoutez les tomates, l'ail, le gingembre, le curry et la cannelle. Salez et poivrez. Laissez cuire 15 minutes.
3 Diluez le cube de bouillon dans 1 litre d'eau bouillante. Ajoutez-le à la préparation et laissez cuire 1 heure à feu doux. Ôtez la cannelle.
4 Coupez la viande en morceaux et faites-la revenir dans une poêle avec le reste d'huile. Quand les morceaux sont bien dorés, incorporez-les à la sauce dans la cocotte. Laissez mijoter 45 minutes à feu doux. Servez chaud, accompagné des aubergines cuisinées.

SUGGESTION

Vous pouvez également servir ce curry avec du riz basmati blanc.

Porc aigre-doux à l'orientale

EXOTIQUE • *Pour 4 personnes.*

PRÉPARATION 10 MINUTES • REPOS 1 HEURE • CUISSON 35 MINUTES

Produits Bonneterre
300 g de filet mignon
200 g de riz blanc thaï
4 c. à soupe de miel de montagne
2 c. à soupe de sauce tomate
10 g d'ail moulu
1 c. à café de cannelle moulue
1 c. à café de gingembre moulu
1 c. à café de cumin moulu
15 g de beurre de baratte doux

Autres produits bio
2 c. à soupe de sauce soja shoyu
le jus d'1 citron

Autres produits
sel

1 Découpez le filet mignon en morceaux réguliers de 4 x 4 cm. Mettez-les dans un plat creux.
2 Préparez la marinade : mélangez la cannelle, le gingembre, le cumin, le miel, la sauce tomate, la sauce soja, le jus de citron et l'ail. Versez ce mélange sur la viande. Couvrez de film alimentaire et réservez 1 heure à température ambiante.
3 Préchauffez le four à 200 °C (th. 6-7). Enfournez la viande avec sa marinade pour 35 minutes, en l'arrosant à mi-cuisson. Salez si nécessaire.
4 Rincez le riz à l'eau froide et égouttez-le. Mettez-le dans une grande casserole d'eau salée. Portez à ébullition et laissez cuire 10 minutes. Égouttez-le, incorporez le beurre et salez. Dressez la viande et le riz sur un plat de service. Dégustez aussitôt.

Tajine de poulet aux aubergines

EXOTIQUE – CONVIVIAL • *Pour 6 personnes.*

PRÉPARATION 20 MINUTES •
CUISSON 1 HEURE 15 MINUTES

Produits Bonneterre

8 escalopes de poulet
10 c. à soupe d'huile d'olive vierge extra fruitée
1 tablette de bouillon de légumes

Autres produits bio

3 aubergines
3 oignons rouges
3 tomates
125 g d'olives violettes
1/2 bouquet de persil plat
1/2 bouquet de coriandre
2 citrons confits

Autres produits

sel

1 Préchauffez le four à 160 °C (th. 5-6). Taillez les escalopes en morceaux réguliers. Coupez les aubergines en dés. Pelez et épépinez les tomates, coupez-les également en dés. Pelez les oignons, coupez-les en rondelles.

2 Chauffez 3 c. à soupe d'huile dans une poêle. Faites-y les morceaux de poulet de tous les côtés ; réservez. Ajoutez 5 c. à soupe d'huile dans la poêle, mettez-y les aubergines et laissez frire 15 minutes en remuant régulièrement ; égouttez et salez. Dans la même poêle, faites revenir les oignons avec 2 c. à soupe d'huile, puis incorporez les tomates.

3 Dans un plat à tajine, réunissez les morceaux de poulet, les aubergines, les oignons, les tomates, les citrons confits coupés en quartiers, la moitié du persil et de la coriandre finement hachés. Diluez la tablette de bouillon dans 25 cl d'eau bouillante pour en arroser la viande et les légumes. Couvrez et enfournez pour 1 heure.

4 Sortez le plat du four. Effeuillez le reste de persil et de coriandre. Parsemez-en le plat, ajoutez les

Escalopes panées à la milanaise

ÉCONOMIQUE – EXPRESS • *Pour 4 personnes.*

PRÉPARATION 10 MINUTES • CUISSON 10 MINUTES

Produits Bonneterre

4 escalopes de veau
25 g de beurre de baratte doux
1 c. à soupe d'huile d'olive vierge extra fruitée
1 gros œuf

Autres produits bio

1 paquet de chapelure
1 citron non traité

Autres produits

sel

1 Munissez-vous de 2 assiettes creuses : remplissez la première de chapelure ; dans la seconde, cassez l'œuf et battez-le. Passez les escalopes dans l'œuf, puis dans la chapelure.

2 Dans une poêle, faites chauffer le beurre et l'huile ensemble. Pour savoir si le mélange beurre-huile est suffisamment chaud, plongez-y un petit morceau de pain, qui doit frire immédiatement. Faites dorer les escalopes sur une face puis sur l'autre. Posez-les sur du papier absorbant et salez. Dressez-les sur les assiettes.

3 Coupez le citron en tranches fines et garnissez-en les escalopes et servez sans attendre.

Conseil pratique

Ces escalopes peuvent être dégustées froides. Sachez aussi que vous pouvez modifier cette recette en utilisant des escalopes de poulet ou des escalopes de dinde.

Suggestion

Vous pouvez servir les escalopes avec des haricots verts surgelés Bonneterre que vous aurez fait sauter dans un peu de beurre.

Quinoa à l'indienne

CONVIVIAL • *Pour 4 personnes.*

PRÉPARATION 15 MINUTES • REPOS 30 MINUTES • CUISSON 30 MINUTES

Produits Bonneterre
250 g de quinoa
250 g d'escalopes de poulet
2 c. à soupe d'huile d'olive vierge extra fruitée
1 c. à soupe de curry en poudre

Autres produits bio
1 gros oignon
1 grosse carotte sable
1 grosse courgette
1 bouquet de coriandre fraîche
1 c. à soupe de sauce soja tamari

1 Versez le quinoa dans une casserole avec 50 cl d'eau froide. Portez à ébullition et laissez cuire 15 minutes. Laissez reposer hors du feu pendant 30 minutes.

2 Émincez l'oignon et faites-le revenir dans un wok avec l'huile d'olive. Ajoutez les escalopes de poulet coupées en petits morceaux et laissez dorer à feu doux pendant 5 minutes.

3 Lavez et épluchez la carotte et la courgette. Coupez-les en fins bâtonnets. Mettez-les dans le wok avec les morceaux de poulet et poursuivez la cuisson 5 minutes. Incorporez le quinoa tiède, le curry et le tamari. Mélangez et laissez cuire 7 minutes.

4 Ciselez la coriandre fraîche. Parsemez-en le quinoa à l'indienne et servez chaud.

Poissons

Papillote de pavé de saumon, sauce tomate et algues

LÉGER • *Pour 2 personnes.*

PRÉPARATION 30 MINUTES • CUISSON 10 MINUTES • REPOS 1 HEURE

Produits Bonneterre

1 pavé de saumon frais irlandais
20 cl d'huile d'olive vierge extra fruitée

Autres produits bio

4 tomates
1 paquet d'algues salade du pêcheur wakama
quelques gouttes de sauce soja tamari
1 carotte, 1/2 courgette, 1/2 oignon, 1/2 gousse d'ail
quelques champignons de Paris

1 Sur le plan de travail, étalez une feuille de film alimentaire. Allumez le cuit-vapeur. Coupez le pavé de saumon en deux dans l'épaisseur, puis posez-le sur le film.

2 Lavez et épluchez la carotte et la courgette. Lavez les champignons de Paris. Épluchez et émincez l'ail et l'oignon. Taillez les légumes en julienne, puis disposez-les sur le saumon. Salez avec le tamari, ajoutez un filet d'huile d'olive. Refermez le pavé de saumon sur les légumes avec le film. Placez la papillote dans le cuit-vapeur et laissez cuire 10 minutes.

3 Préparez la sauce tomate : disposez les tomates coupées et épépinées dans le bol du mixeur ; ajoutez les algues, un peu de tamari et le reste d'huile d'olive. Émulsionnez jusqu'à épaississement de la sauce.

4 Dès que la papillote de saumon est cuite, sortez-la du cuit-vapeur. Laissez-la refroidir quelques minutes à température ambiante, puis placez-la au réfrigérateur pour 1 heure.

5 Quand elle est bien froide, ôtez le film alimentaire et découpez la préparation en tranches. Nappez de sauce et servez.

Sushis

EXOTIQUE - CONVIVIAL • *Pour 4 personnes.*

CONGÉLATION 1 HEURE • CUISSON 10 MINUTES • PRÉPARATION 30 MINUTES

Produits Bonneterre

2 pavés de saumon frais irlandais
400 g de riz rond blanc
1 c. à café de graines de sésame blanc

Autres produits bio

2 citrons verts
5 c. à soupe de sauce soja tamari
3 c. à soupe de vinaigre de riz
1 c. à soupe de sucre
1 tube de sauce raifort japonaise

1 Placez les pavés de saumon au congélateur pour 1 heure.
2 Préparez le riz : faites-le cuire dans deux fois son volume d'eau, puis ajoutez 2 c. à soupe de vinaigre de riz et le sucre. Laissez refroidir.
3 Préparez le poisson : avec un couteau bien aiguisé, coupez des petits tronçons de 4 cm environ en partant du bord, puis recoupez-les en deux perpendiculairement.
4 Préparez les sushis : dans le creux de la main, formez une petite boule de riz en l'humidifiant avec un peu d'eau pour éviter qu'il ne colle ; déposez dessus une noisette de raifort, puis le saumon ; appuyez pour faire adhérer. Recommencez jusqu'à épuisement des ingrédients. Disposez les sushis sur un plat.
5 Préparez la sauce : dans un grand bol, mélangez la sauce tamari, le reste de vinaigre de riz et les graines de sésame. Versez-la dans 4 petits bols.
6 Coupez les citrons verts en tranches fines et disposez-les autour des sushis. Servez.

Makis aux algues et au saumon

EXOTIQUE - CONVIVIAL • *Pour 4 personnes.*

CONGÉLATION 1 HEURE • PRÉPARATION 30 MINUTES

Produits Bonneterre

150 g de saumon frais irlandais
200 g de riz rond blanc
1 c. à café de graines de sésame blanc

Autres produits bio

2 avocats bien mûrs
4 feuilles d'algue
1 citron vert
1 bouquet de ciboulette
5 c. à soupe de sauce soja tamari
2 c. à soupe de vinaigre de riz
1 c. à soupe de sucre
1 tube de sauce raifort japonaise
un peu de gingembre confit

1 Placez le filet de saumon au congélateur pour 1 heure. Tranchez-le dans la longueur de façon à obtenir des lanières.
2 Pelez les avocats, ôtez le noyau et coupez-les dans la longueur en tout petits tronçons. Arrosez de quelques gouttes de citron vert pour que la chair ne noircisse pas.
3 Faites cuire le riz dans deux fois son volume d'eau, puis ajoutez le vinaigre de riz et le sucre. Laissez refroidir.
4 Étalez une natte de bambou sur le plan de travail. Placez-y une feuille d'algue et, à l'aide d'une grande spatule en bois ou d'une cuillère en plastique à dos plat, étalez le riz tiède dessus. Disposez des lanières de saumon au centre du riz, ajoutez de chaque côté des tronçons d'avocat et 2 brins de ciboulette. Roulez en appuyant bien sur la natte pour que la feuille d'algue colle. Coupez le rouleau pour former des makis d'environ 5 cm. Vous en obtiendrez 5 ou 6. Répétez l'opération avec les autres feuilles d'algue.
5 Disposez les makis sur un grand plat de service. Servez avec la sauce raifort, le gingembre confit, le citron coupé en quartiers, le sésame et la sauce tamari dans des petits bols.

Saumon vapeur en feuille de chou

LÉGER • *Pour 4 personnes.*

PRÉPARATION 10 MINUTES • CUISSON 10 MINUTES

Produits Bonneterre
2 filets de saumon frais irlandais
4 c. à soupe d'huile d'olive vierge extra fruitée
3 baies de genièvre
poivre noir en grains du moulin

Autres produits bio
4 grandes feuilles de chou vert
3 c. à soupe de sauce soja shoyu

Autres produits
sel

1 Faites blanchir les grandes feuilles de chou 2 minutes à l'eau bouillante.

2 Coupez les filets de saumon en deux dans la longueur. Badigeonnez-les d'huile d'olive avec un pinceau, salez et poivrez. Enveloppez-les dans les feuilles de chou.

3 Disposez les aumônières dans le panier vapeur en veillant à ce qu'elles ne se touchent pas. Couvrez-les et faites-les cuire 5 à 7 minutes sur une casserole d'eau frémissante à laquelle vous ajouterez les baies de genièvre.

4 Versez un filet de sauce soja sur chaque aumônière. Servez aussitôt.

Choucroute de poissons

CONVIVIAL – TRADITION • *Pour 6 personnes.*

DÉCONGÉLATION 1 HEURE (OU 5 MINUTES AU MICRO-ONDES) • PRÉPARATION 20 MINUTES • CUISSON 50 MINUTES

Produits Bonneterre

2 pots de choucroute au naturel de 790 g
3 tranches de poitrine fumée
250 g de filets de lieu surgelés
250 g de filets de cabillaud surgelés
6 baies de genièvre
quelques grains de poivre noir

Autres produits bio

4 carottes, 3 navets, 1 oignon
1 bouquet garni
50 cl de vin blanc sec (muscadet, par exemple)

1 Faites décongeler les poissons. Lavez les légumes, pelez-les et faites-les cuire à l'autocuiseur pendant 10 à 13 minutes.

2 Mettez la choucroute dans une cocotte, ajoutez la poitrine fumée et laissez revenir quelques minutes à feu doux. Ajoutez les légumes et les poissons coupés en morceaux en vérifiant qu'ils ne contiennent pas d'arêtes. Assaisonnez avec le poivre, les baies de genièvre et le bouquet garni. Mouillez avec le vin blanc et couvrez. Laissez cuire à feu doux 40 minutes, jusqu'à ce que tout le liquide soit absorbé.

3 Dressez dans un plat de service et dégustez.

SUGGESTION

Accompagnez ce plat de pommes de terre à l'eau.

Cabillaud en écailles d'amandes et mousseline de carottes

CONVIVIAL • *Pour 4 personnes.*

DÉCONGÉLATION 4 HEURES • PRÉPARATION 15 MINUTES • CUISSON 30 MINUTES

Produits Bonneterre

4 filets de cabillaud surgelés
125 g d'amandes effilées
1 œuf
2 c. à soupe de farine T 65 blanche
1 c. à soupe de crème fraîche épaisse
1 pincée de noix muscade
2 c. à soupe d'huile d'olive vierge extra fruitée

Autres produits bio

1 kg de carottes, quelques feuilles de coriandre

Autres produits

fleur de sel

1 Faites décongeler les filets de poisson au réfrigérateur pendant au moins 4 heures. Épluchez les carottes et faites-les cuire 20 minutes à la vapeur. Passez-les au mixeur avec la crème fraîche, 1 pincée de sel et la muscade. Réservez.

2 Placez la farine dans une assiette creuse, l'œuf battu en omelette dans une autre puis les amandes effilées dans une troisième (celles-ci doivent bien adhérer au poisson). Passez successivement les filets de cabillaud dans la farine, l'œuf, puis les amandes. Les amandes doivent bien adhérer au poisson.

3 Chauffez une poêle à feu vif avec l'huile d'olive. Faites cuire le poisson 4 minutes de chaque côté.

4 Servez les filets de cabillaud avec la mousseline de carottes. Décorez les assiettes de feuilles de coriandre.

Thon germon sur éventail de poireaux

LÉGER – EXPRESS • *Pour 4 personnes.*

DÉCONGÉLATION 4 HEURES •
PRÉPARATION 15 MINUTES • CUISSON 15 MINUTES

Produits Bonneterre

4 steaks de thon germon surgelés
8 c. à soupe d'huile d'olive vierge extra fruitée

Autres produits bio

3 poireaux
1/2 citron

Autres produits

fleur de sel

1 Placez les steaks de thon au réfrigérateur pour 4 heures afin qu'ils décongèlent.
2 Dans un wok, chauffez 6 c. à soupe d'huile d'olive. Faites-y cuire les steaks de thon 6 minutes en les retournant à mi-cuisson. Réservez.
3 Lavez les poireaux et coupez-les en lanières dans le sens de la longueur. Faites-les blanchir 6 à 8 minutes dans une casserole d'eau bouillante salée. Réservez au chaud.
4 Dressez les assiettes : disposez les poireaux en éventail ; posez le thon dessus ; arrosez avec le reste d'huile d'olive, saupoudrez de fleur de sel, arrosez de quelques gouttes de jus de citron et servez.

Rillettes de maquereaux

CONVIVIAL – EXPRESS • *Pour 4 personnes.*

PRÉPARATION 15 MINUTES

Produits Bonneterre

1 boîte de filets de maquereaux au muscadet
1/2 bocal de haricots blancs
3 c. à soupe d'huile d'olive vierge extra fruitée
poivre noir en grains du moulin

Autres produits bio

1 pain de campagne tranché grillé
3 brins de cerfeuil

Autres produits

sel fin

1 Égouttez les filets de maquereaux. Mettez-les sur une planche et écrasez-les à la fourchette. Réservez.
2 Égouttez les haricots blancs. Versez-les dans un bol et écrasez-les à la fourchette. Ajoutez l'huile d'olive versée en filet, puis incorporez les maquereaux. Salez et poivrez.
3 Tranchez le pain de campagne et faites-le griller. Tartinez les rillettes de maquereaux sur le pain chaud et décorez avec le cerfeuil grossièrement ciselé. Servez et dégustez sans attendre.

Noix de saint-jacques à l'ail

CONVIVIAL • *Pour 4 personnes.*

DÉCONGÉLATION 25 MINUTES •
PRÉPARATION 20 MINUTES • CUISSON 20 MINUTES

Produits Bonneterre

1 sachet de noix de saint-jacques surgelées
20 cl de lait entier
20 g de beurre de baratte doux
1 c. à soupe d'huile d'olive

Autres produits bio

1 kg de pommes de terre
quelques brins d'aneth
le jus d'1/2 citron
2 têtes d'ail

Autres produits

sel

1 Mettez les noix de saint-jacques dans une grande assiette creuse avec le lait et 15 cl d'eau. Laissez décongeler 25 minutes. Plongez les têtes d'ail 5 minutes dans de l'eau bouillante. Égouttez-les et écrasez-les avec la lame d'un couteau. Réservez.

2 Épluchez les pommes de terre et faites-les cuire 15 à 20 minutes à la vapeur. Écrasez-les à la fourchette en versant l'huile d'olive en filet. Salez légèrement.

3 Faites fondre le beurre dans une poêle. Jetez-y les noix de saint-jacques et laissez les dorer 2 minutes en les retournant. Déglacez avec le jus de citron. Ajoutez l'ail écrasé et salez.

4 Décorez avec les brins d'aneth. Servez chaud, accompagné des pommes de terre écrasées.

Mille-feuilles au saumon fumé et légumes croquants

CONVIVIAL • *Pour 6 personnes.*

PRÉPARATION 20 MINUTES • CUISSON 5 MINUTES

Produits Bonneterre

3 galettes de blé noir
6 tranches de saumon fumé irlandais
30 g de pruneaux d'Agen dénoyautés
1 yaourt brassé nature au bifidus (150 g)
40 g de beurre de baratte doux
3 c. à soupe d'huile de noix
3 c. à soupe de vinaigre de vin
20 g de graines de sésame
poivre blanc moulu

Autres produits bio

1 betterave cuite,
1/2 botte de radis, 1/3 de concombre
1/2 botte de ciboulette
100 g de raisins roses ou rouges
1 échalote

Autres produits

sel

1 Préchauffez le four à 200 °C (th. 6-7). Lavez les radis et le concombre. Équeutez les radis et ôtez les graines du concombre. Coupez en petits dés la moitié de la betterave, les radis, le concombre et les pruneaux. Coupez les raisins en quatre. Réservez quelques brins de ciboulette. Ciselez le reste et l'échalote. Mélangez le tout avec le yaourt, salez et poivrez.

2 Faites fondre le beurre dans une casserole. Badigeonnez-en les galettes, puis saupoudrez de sésame et de sel. Superposez les galettes et coupez-les en 6 triangles. Placez-les au four jusqu'à ce qu'ils soient dorés.

3 Mixez le reste de la betterave avec 5 cl d'eau, le vinaigre de vin et l'huile de noix.

4 Dans chaque assiette, superposez un triangle de galette, un peu de garniture et une demi-tranche de saumon fumé. Répétez l'opération et terminez par un triangle de galette. Décorez avec la ciboulette et la vinaigrette de betterave. Servez.

Quenelles fraîches sauce légumes

EXPRESS – FAMILIAL • *Pour 4 personnes.*

PRÉPARATION 10 MINUTES • CUISSON 20 MINUTES

Produits Bonneterre

8 quenelles de brochet
20 g de beurre de baratte demi-sel
1 pot de sauce 8 légumes
poivre noir en grains du moulin

Autres produits

sel

1 Préchauffez le four à 200 °C (th. 6-7). Beurrez un plat de cuisson et disposez-y les quenelles. Salez et poivrez. Enfournez pour 20 minutes, jusqu'à ce que les quenelles soient bien gonflées et dorées.
2 Versez la sauce aux 8 légumes dans la poêle. Ajoutez un verre d'eau et laissez chauffer 3 minutes à feu doux.
3 Dressez les quenelles sur un plat de service. Nappez-les de sauce et servez bien chaud.

Suggestion

Les quenelles se marient très bien avec une salade verte.

Crème de petits pois aux ravioles de saint-jacques

CONVIVIAL • *Pour 6 personnes.*

PRÉPARATION 10 MINUTES • CUISSON 15 MINUTES

Produits Bonneterre

18 noix de saint-jacques surgelées
10 cl de crème fraîche épaisse
20 g de beurre de baratte doux
2 c. à soupe d'huile d'olive vierge extra fruitée
poivre blanc moulu

Autres produits bio

600 g de petits pois frais écossés
1 oignon
18 feuilles de pâte à raviolis wonton

Autres produits

sel

1 Faites décongeler les saint-jacques à l'avance. Émincez l'oignon. Mettez le beurre dans une casserole et faites-y suer l'oignon 5 minutes. Ajoutez les petits pois et mouillez à hauteur. Incorporez la crème et salez. Portez à ébullition et poursuivez la cuisson 6 minutes. Mixez.
2 Badigeonnez d'eau les feuilles de pâte à raviolis.
3 Chauffez l'huile d'olive dans une poêle et faites-y sauter les saint-jacques 45 secondes de chaque côté. Salez et poivrez. Disposez-les au milieu des feuilles de pâte à raviolis et fermez-les en triangle.
4 Faites pocher les ravioles 2 minutes dans de l'eau bouillante salée.
5 Versez la crème de petits pois dans des assiettes à soupe (ou dans des bols). Posez les ravioles dessus et servez.

Tartare de saumon aux herbes

LÉGER – EXPRESS • *Pour 4 personnes.*

PRÉPARATION 5 MINUTES

Produits Bonneterre
2 pavés de saumon frais irlandais
2 poignées de pignons de pin
2 c. à café d'huile de sésame
poivre gris moulu

Autres produits bio
3 échalotes
2 citrons jaunes
1 bouquet de ciboulette
1 bouquet d'aneth
1 barquette de mâche

Autres produits
sel

1 Hachez grossièrement le saumon avec un grand couteau. Mettez-le dans un saladier avec l'huile de sésame et mélangez. Salez et poivrez. Épluchez et hachez les échalotes. Ajoutez-les au saumon. Ciselez la ciboulette et l'aneth. Incorporez-les au mélange. Pressez les citrons et versez le jus sur le tartare. Mélangez bien.

2 Lavez la mâche et essorez soigneusement.

3 Étalez un lit de mâche sur chaque assiette. Avec une grande cuillère à soupe, posez dessus une portion de tartare. Ajustez les proportions et façonnez le tartare avec le dos de la cuillère. Décorez de pignons de pin et servez.

Dos de cabillaud laqué au miel et au soja

EXOTIQUE – CONVIVIAL • *Pour 6 personnes.*

PRÉPARATION 5 MINUTES • CUISSON 10 MINUTES

Produits Bonneterre
6 filets de cabillaud surgelés
350 g de boulgour gros
2 c. à soupe de miel de montagne
10 g de beurre de baratte doux
4 c. à soupe d'huile d'olive vierge extra fruitée

Autres produits bio
2 échalotes, 1 branche de basilic
2 c. à soupe de sauce soja (shoyu ou tamari)
2 c. à soupe de vinaigre balsamique

Autres produits
sel

1 Ciselez finement les échalotes. Lavez le basilic et coupez-le en lanières.

2 Mettez le beurre à fondre dans une cocotte, puis faites-y suer les échalotes. Ajoutez le boulgour, le double de son volume d'eau et le basilic. Assaisonnez et faites cuire 10 minutes.

3 Chauffez l'huile dans une poêle antiadhésive, puis faites-y sauter les filets de cabillaud 2 minutes de chaque côté. Hors du feu, ajoutez le miel, la sauce soja et le vinaigre balsamique. Enrobez bien les filets de ce mélange pour les laquer.

4 Posez le blé cuit sur les assiettes, puis les filets de cabillaud, et versez le reste de sauce restante autour. Salez légèrement le poisson avant de servir.

Brochettes de lotte à la citronnelle et aux agrumes

EXOTIQUE – EXPRESS • *Pour 6 personnes.*

PRÉPARATION 10 MINUTES • CUISSON 5 MINUTES

Produits Bonneterre
1 kg de filets de lotte surgelée
2 c. à soupe d'huile d'olive vierge extra fruitée
poivre noir en grains du moulin

Autres produits bio
2 oranges
1 pamplemousse
2 bulbes de citronnelle frais
5 cl de vin blanc
sel

1 Faites décongeler les morceaux de lotte. Taillez les bulbes de citronnelle en quatre dans la longueur : ils serviront de piques pour les brochettes.

2 Coupez la lotte en morceaux et enfilez-les sur les brochettes.

3 Pelez les oranges et le pamplemousse à vif, puis détachez les quartiers à l'aide d'un petit couteau.

4 Chauffez l'huile d'olive dans une poêle. Saisissez vivement les brochettes, puis laissez-les cuire 2 minutes de chaque côté. Poêlez en même temps les agrumes. Assaisonnez et déglacez avec le vin blanc.

5 Dressez les brochettes dans les assiettes et entourez-les de quartiers d'agrumes.

Desserts

Mille-feuilles aux fruits rouges

CONVIVIAL • *Pour 4 personnes.*

PRÉPARATION 30 MINUTES • CUISSON 20 MINUTES

Produits Bonneterre
2 rouleaux de pâte feuilletée
20 cl de crème fraîche épaisse
1 gousse de vanille

Autres produits bio
200 g de fruits rouges frais au choix
30 g de sucre glace

1 Versez la crème dans un grand saladier rafraîchi avec des glaçons, puis fouettez-la régulièrement en tournant dans le même sens jusqu'à ce qu'elle devienne onctueuse. Ouvrez la gousse de vanille, prélevez les grains et ajoutez-les à la crème. Ajoutez 30 g de sucre glace, remuez une dernière fois et réservez au frais.

2 Préchauffez le four à 220 °C (th. 7-8). Recouvrez la plaque de cuisson d'une feuille de papier sulfurisé. Ouvrez les pâtes feuilletées puis, à l'aide d'un verre rond, découpez 16 petits disques. Placez-les sur la plaque de cuisson chemisée. Recouvrez d'une seconde feuille de papier sulfurisé et enfournez pour 20 minutes environ : les disques de pâte feuilletée doivent être bien dorés et ils ne doivent pas brunir.

3 Lavez les fruits rouges.

4 Procédez au montage des mille-feuilles : étalez une couche de crème sur un disque de pâte feuilletée ; recouvrez de fruits, puis d'une autre couche de crème ; posez dessus un second disque de pâte et terminez par des fruits. Recommencez de façon à obtenir 8 petits mille-feuilles. Saupoudrez de sucre glace et servez.

Crème renversée soja caramel

TRADITION – CONVIVIAL • *Pour 6 personnes.*

PRÉPARATION 15 MINUTES • CUISSON 35 MINUTES

Produits Bonneterre

1 litre de boisson au soja nature
6 gros œufs
1 gousse de vanille

Autres produits bio

240 g de sucre de canne roux en poudre

1 Préchauffez le four à 175 °C (th. 5-6). Versez la boisson au soja dans une casserole, ajoutez la gousse de vanille fendue en deux et 120 g sucre roux. Portez à ébullition.
2 Dans un saladier, cassez les œufs entiers et battez-les vivement pendant 2 minutes.
3 Préparez le caramel : versez 120 g de sucre roux dans un moule à charlotte ou à savarin. Ajoutez 5 cl d'eau. Placez le moule sur feu vif en surveillant la cuisson : le sucre se colore du blond au brun. Agitez le moule pour égaliser la consistance du caramel, qui doit devenir translucide. Penchez le moule pour que caramel adhère aux parois.
4 Versez peu à peu le soja bouillant sur les œufs en fouettant vivement. Versez cette préparation dans le moule et posez-le dans un bain-marie.
5 Enfournez pendant 35 minutes. La crème est cuite lorsqu'une lame de couteau piquée à cœur ressort sèche. Décollez les parois à chaud et secouez le moule afin que la crème se détache. Laissez refroidir dans le moule. Démoulez la crème au moment de servir et dégustez.

Clafoutis aux cerises

TRADITION – FAMILIAL • *Pour 6 personnes.*

PRÉPARATION 10 MINUTES • CUISSON 35 MINUTES

Produits Bonneterre

6 gros œufs
80 g de farine T 65 blanche
25 cl de lait demi-écrémé

Autres produits bio

800 g de cerises dénoyautées
100 g de sucre glace

Autres produits

sel

1 Préchauffez le four à 230 °C (th. 7-8). Dans un saladier, mélangez 90 g de sucre et les œufs. Ajoutez la farine et 1 pincée de sel, puis délayez progressivement la pâte avec le lait pour la rendre fluide.
2 Déposez les cerises dénoyautées dans la pâte. Versez le tout dans un plat ou un moule à bord haut allant au four.
3 Augmentez la température du four à 240 °C (th. 8) et enfournez pour 35 minutes.
4 À la sortie du four, saupoudrez le clafoutis de sucre glace. Servez et dégustez tiède.

Milk-shake vanille framboise

EXPRESS – FAMILIAL • *Pour 4 personnes.*

PRÉPARATION 10 MINUTES

Produits Bonneterre

1 litre de lait demi-écrémé

3 c. à soupe de spécialité tartinable aux fruits rouges

3 boules de glace vanille

Autres produits bio

300 g de framboises

4 c. à soupe de sucre de canne roux en poudre

1 Dans un saladier, mélangez la purée de fruits avec le lait jusqu'à obtention d'une texture liquide. Ajoutez les boules de glaces vanille, puis versez le tout dans un shaker.

2 Agitez le shaker jusqu'à obtention d'un mélange onctueux.

3 Dans un mixeur, réduisez les framboises en purée grossière avec le sucre.

4 Dans de jolis verres, versez le coulis de framboises puis le milk-shake aux fruits rouges. Dégustez bien frais.

Tartelettes aux fruits

CONVIVIAL – ÉCONOMIQUE • *Pour 6 personnes.*

PRÉPARATION 15 MINUTES • CUISSON 35 MINUTES

Produits Bonneterre

1 pâte à tarte feuilletée

1 pot de purée d'amandes

20 g de beurre

Autres produits bio

fruits de saison (au choix)

1 Préchauffez le four à 170-180 °C (th. 5-6). Beurrez 6 moules à tartelette, puis chemisez-les avec la pâte feuilletée. Enfournez pour 35 minutes.

2 Au terme de la cuisson, laissez refroidir. Pendant ce temps, préparez les fruits choisis.

3 Garnissez les tartelettes de purée d'amandes. Recouvrez avec les morceaux de fruits choisis et servez.

Tarte Tatin

TRADITION – ÉCONOMIQUE • *Pour 4 personnes.*

PRÉPARATION 30 MINUTES • CUISSON 20 MINUTES

Produits Bonneterre

1 pâte brisée prête à dérouler
75 g de beurre de baratte demi-sel

Autres produits bio

8 pommes
100 g de sucre de canne roux en poudre

1 Préchauffez le four à 180 °C (th. 6). Dans un moule à tarte Tatin (à bords hauts), versez le sucre et 5 cl d'eau. Faites frémir à feu doux pour caraméliser légèrement puis, hors du feu, incorporez le beurre coupé en petits morceaux.
2 Lavez et épluchez les pommes. Coupez-les en quatre et disposez-les en cercle sur le caramel.
3 Étalez la pâte brisée sur les pommes, en appuyant bien autour pour rentrer les bords. Enfournez pour environ 20 minutes. Démoulez et servez tiède.

Suggestion

Vous pouvez accompagner la tarte Tatin d'une jatte de crème fouettée.

Crumble aux fruits rouges

CONVIVIAL • *Pour 6 personnes.*

PRÉPARATION 10 MINUTES • CUISSON 50 MINUTES

Produits Bonneterre

120 g de farine T 65 blanche
140 g de beurre de baratte doux
120 g de poudre d'amandes
1 litre de glace à la vanille

Autres produits bio

1 kg de fruits rouges mélangés (framboises, fraises, mûres...)
250 g de sucre de canne roux en poudre

Autres produits

sel

1 Préchauffez le four à 200 °C (th. 6-7). Dans un saladier, mélangez du bout des doigts 120 g de beurre coupé en petits morceaux, la farine, 120 g de sucre, la poudre d'amandes et 1 pincée de sel. Travaillez jusqu'à obtention d'un mélange sableux.
2 Mélangez les fruits avec le reste de sucre. Répartissez-les dans un plat à gratin beurré. Recouvrez ce dernier d'une feuille d'aluminium et enfournez pour 25 minutes.
3 Ôtez la feuille d'aluminium et parsemez les fruits de la pâte émiettée. Poursuivez la cuisson 25 minutes.
4 Sortez du four et laissez tiédir. Dégustez avec des boules de glace à la vanille.

Gâteau au fromage blanc

LÉGER • *Pour 6 personnes.*

PRÉPARATION 15 MINUTES • CUISSON 35 À 40 MINUTES

Produits Bonneterre

500 g de fromage blanc à 20 %
50 g de farine T 65 blanche
20 g de beurre de baratte doux
4 blancs d'œufs

Autres produits bio

150 g de sucre de canne roux en poudre
1 citron
quelques fraises

1 Préchauffez le four à 200 °C (th. 6-7). Lavez le citron, prélevez la moitié du zeste et râpez-le.
2 Dans une terrine, mélangez le fromage blanc, le sucre, la farine et le zeste de citron.
3 Montez les blancs d'œufs en neige ferme, puis incorporez-les délicatement à la préparation. Versez dans un moule à manqué beurré. Posez le moule dans un bain-marie et enfournez pour 35 à 40 minutes.
4 Démoulez le gâteau. Dressez des parts sur les assiettes et accompagnez de quelques fraises pour le décor.

SUGGESTION

Le gâteau au fromage blanc est délicieux frais, avec un coulis de fruits rouges.

Fondant au chocolat

CONVIVIAL - TRADITION • *Pour 6 personnes.*

PRÉPARATION 20 MINUTES • CUISSON 15 MINUTES

Produits Bonneterre

230 g de chocolat noir pâtissier
4 gros œufs
60 g de farine T 65 blanche
180 g de beurre de baratte doux
5 cl de lait demi-écrémé
5 cl de crème fraîche épaisse
quelques amandes effilées

Autres produits bio

100 g de sucre en poudre

Autres produits

sel

1 Préchauffez le four à 150 °C (th. 5). Beurrez un moule à manqué et parsemez-le d'amandes effilées.
2 Faites chauffer le lait et la crème dans une casserole. Hors du feu, incorporez le beurre et le chocolat cassé en morceaux. Mélangez jusqu'à ce que la préparation soit homogène.
3 Cassez les œufs en séparant les blancs des jaunes. Ajoutez le sucre aux jaunes d'œufs et mélangez énergiquement jusqu'à blanchiment. Incorporez la farine en une fois et mélangez en veillant à ne pas former de grumeaux. Ajoutez la préparation au chocolat et mélangez à nouveau.
4 Salez légèrement les blancs d'œufs, puis montez-les en neige ferme avec un fouet. Mélangez-les délicatement à la préparation précédente. Versez dans le moule et enfournez pour environ 15 minutes. Dégustez chaud.

Gâteau glacé minute aux marrons

CONVIVIAL – ÉCONOMIQUE • *Pour 6 personnes.*

PRÉPARATION 5 MINUTES • CONGÉLATION 1 HEURE

Produits Bonneterre

1 pot de crème de marrons
10 marrons
5 c. à soupe de crème fraîche épaisse

1 Fragmentez grossièrement les marrons. Mélangez-les avec la crème de marrons et la crème fraîche.
2 Disposez la préparation dans 6 ramequins individuels. Placez-les au congélateur pour 1 heure.
3 Au moment de servir, démoulez les ramequins sur des assiettes et servez.

SUGGESTION

Vous pouvez servir ce gâteau avec une meringue ou un peu de crème fouettée.

Tiramisu

TRADITION • *Pour 6 personnes.*

PRÉPARATION 30 MINUTES • RÉFRIGÉRATION 6 HEURES

Produits Bonneterre

2 paquets de biscuits à la cuillère
6 gros œufs
150 g de café du Mexique moulu
3 ou 4 c. à soupe de cacao en poudre maigre

Autres produits bio

500 g de mascarpone
100 g de sucre semoule
1 verre à liqueur d'amaretto

1 Préparez un café non sucré (pour 150 g de café, comptez 30 cl d'eau). Allongez-le avec un peu d'eau et ajoutez l'amaretto.
2 Cassez les œufs en séparant les blancs des jaunes. Dans un saladier, mélangez les jaunes d'œufs avec le sucre jusqu'à obtention d'une préparation ferme. Ajoutez peu à peu le mascarpone : la crème doit être bien homogène.
3 Montez les blancs d'œufs en neige très ferme et incorporez-les délicatement à la crème.
4 Trempez rapidement les biscuits dans le café et disposez-les sur le fond d'un plat carré. Recouvrez-les d'une couche de crème. Étalez une nouvelle couche de biscuits trempés et une nouvelle couche de crème.
5 Réservez le tiramisu au réfrigérateur pendant au moins 6 heures. Au moment de servir, saupoudrez toute la surface de cacao à l'aide d'un chinois.

SUGGESTION

Vous pouvez servir le tiramisu avec une coupe de fruits rouges et le préparer en le dressant dans de jolis verres et composer ainsi des desserts individuels.

Crème brûlée

CONVIVIAL – TRADITION • *Pour 6 personnes.*

PRÉPARATION 10 MINUTES •
CUISSON 30 À 40 MINUTES • REPOS 25 HEURES

Produits Bonneterre

6 jaunes d'œufs
40 cl de lait entier
35 cl de crème fraîche épaisse
1 gousse de vanille

Autres produits bio

100 g de sucre de canne roux en poudre

1 Préchauffez le four à 150 °C (th. 5). Ouvrez la gousse de vanille et prélevez les grains.
2 Dans un saladier, fouettez les jaunes d'œufs avec 75 g de sucre et les grains de vanille : le mélange obtenu doit être blanc et mousseux.
3 Ajoutez le lait et la crème. Mélangez longuement. Passez la préparation à travers un chinois et laissez-la reposer 1 heure.
4 Répartissez-la dans 6 petits plats à crème brûlée. Posez les plats dans un bain-marie et enfournez pour 30 à 40 minutes. La crème doit être prise mais encore « tremblotante » et non dorée. Laissez refroidir, puis réservez au réfrigérateur pendant 24 heures.
5 Au moment de servir, saupoudrez le reste de sucre roux. Flambez au chalumeau ou passez sous le gril pour caraméliser la surface. Servez sans attendre.

Pêches au vin

CONVIVIAL • *Pour 4 personnes.*

PRÉPARATION 5 MINUTES • RÉFRIGÉRATION 1 HEURE

Produits Bonneterre

100 g d'amandes effilées
1 litre de vin rouge de Bordeaux
5 grains de poivre noir

Autres produits bio

4 pêches bien mûres
1 bâton de cannelle

1 Versez le vin dans une casserole et portez-le à ébullition. Au premier bouillon, retirez-le du feu. Ajoutez le bâton de cannelle et le poivre.
2 Lavez et pelez les pêches. Coupez-les en deux et dénoyautez-les. Déposez-les dans le vin parfumé et laissez-les mariner 1 heure au réfrigérateur.
3 Ôtez les grains de poivre et le bâton de cannelle. Ajoutez les amandes effilées et servez frais.

Madeleines au thé vert

EXOTIQUE – CONVIVIAL • *Pour 12 madeleines.*

PRÉPARATION 15 MINUTES • CUISSON 25 MINUTES

Produits Bonneterre

200 g de farine T 65 blanche
200 g de beurre de baratte doux
4 gros œufs

Autres produits bio

200 g de sucre de canne roux en poudre
1 c. à soupe de thé vert en poudre (matcha)

1 Préchauffez le four à 220 °C (th. 7-8). Cassez les œufs en séparant les blancs des jaunes.
2 Dans un saladier, travaillez les jaunes d'œufs avec le sucre jusqu'à ce que le mélange blanchisse. Ajoutez le thé, le beurre à température et la farine. Mélangez bien.
3 Battez les blancs d'œufs en neige ferme et incorporez-les délicatement à la préparation à l'aide d'une spatule. Répartissez la pâte dans des moules à madeleines.
4 Enfournez pour 20 minutes. Augmentez alors la température du four à 240 °C (th. 8) et poursuivez la cuisson 3 minutes.
5 À la sortie du four, patientez quelques minutes avant de servir les madeleines.

Brochettes de fraises au chocolat, glace vanille

CONVIVIAL – FAMILIAL • *Pour 4 personnes.*

PRÉPARATION 15 MINUTES

Produits Bonneterre

200 g de chocolat noir pâtissier
15 g de beurre de baratte doux
1 litre de glace à la vanille

Autres produits bio

250 g de grosses fraises
quelques feuilles de menthe

1 Lavez et essuyez les fraises.
2 Faites fondre le chocolat au bain-marie en le lissant à l'aide d'une spatule. Laissez tiédir, puis incorporez le beurre.
3 Immergez les fraises une à une dans la crème chocolatée. Lorsque le chocolat s'est un peu solidifié, piquez une petite brochette dans chaque fruit avec une feuille de menthe.
4 Dressez dans des coupes avec une boule de glace vanille. Dégustez aussitôt.

Œufs à la neige

TRADITION – FAMILIAL • *Pour 6 personnes.*

PRÉPARATION 20 MINUTES • CUISSON 13 MINUTES • REPOS 4 HEURES

Produits Bonneterre
6 gros œufs
1 litre de lait demi-écrémé
1 gousse de vanille

Autres produits bio
350 g de sucre de canne roux en poudre

Autres produits
sel

1 Versez 2 litres d'eau dans une casserole et chauffez-la jusqu'à ce qu'elle frémisse (elle ne doit pas bouillir).

2 Cassez les œufs en séparant les blancs des jaunes. Salez légèrement les blancs et montez-les en neige ferme avec un batteur électrique. Ajoutez 150 g de sucre et fouettez à nouveau. Façonnez les blancs avec une cuillère à soupe et pochez-les dans l'eau 7 minutes. Retournez-les et laissez-les dans l'eau encore 3 minutes. Placez-les délicatement sur un linge propre. Réservez.

3 Versez le lait dans une casserole. Ajoutez la gousse de vanille fendue et portez à ébullition. Ôtez la gousse de vanille et laissez refroidir.

4 Mélangez les jaunes d'œufs avec 150 g de sucre jusqu'à ce que la préparation blanchisse. Versez-la dans le bol du mixeur et ajoutez le lait chaud. Mixez par impulsions. Placez cette crème dans une casserole sur feu très doux. Mélangez avec une cuillère en bois : la crème est cuite lorsque la mousse a disparu et qu'elle laisse une fine pellicule sur la cuillère. Ne la laissez surtout pas bouillir.

5 Versez la crème anglaise dans un grand plat creux et laissez-la refroidir complètement. Répartissez les blancs à la surface et réservez au réfrigérateur pendant 4 heures.

6 Dans une casserole, réalisez un caramel avec le sucre restant et un verre d'eau. Lorsque le caramel a pris, étalez-le sur une plaque en Inox. Attendez qu'il refroidisse et découpez des petits triangles. Piquez-les dans les blancs en neige et servez.

Tarte aux poires Bourdaloue

CONVIVIAL – TRADITION • *Pour 6 personnes.*

REPOS 30 MINUTES • PRÉPARATION 20 MINUTES • CUISSON 30 À 35 MINUTES

Produits Bonneterre

1 pâte brisée prête à dérouler
100 g de poudre d'amandes
2 gros œufs
20 g de beurre de baratte doux
1 briquette de 25 cl de soja du chef

Autres produits bio

4 poires williams
100 g de sucre en poudre
1 c. à soupe de liqueur de poire (facultatif)

1 Préchauffez le four à 210 °C (th. 7). Sortez la pâte brisée de son emballage et laissez-la reposer 30 minutes à température ambiante.
2 Beurrez un moule à tarte et chemisez-le avec la pâte brisée. Piquez le fond avec une fourchette.
3 Lavez et pelez les poires. Coupez-les en deux.
4 Dans un saladier, mélangez vigoureusement la poudre d'amandes avec le sucre, les œufs, le soja et éventuellement la liqueur de poire, pour obtenir une préparation onctueuse.
5 Étalez la crème d'amandes sur le fond de pâte, puis recouvrez-la de quartiers de poire. Enfournez pour 30 à 35 minutes. Servez tiède ou froid.

Macarons nature

FAMILIAL – CONVIVIAL • *Pour 6 personnes.*

PRÉPARATION 15 MINUTES • CUISSON 25 MINUTES

Produits Bonneterre

250 g de poudre d'amandes
3 blancs d'œufs

Autres produits bio

200 g de sucre de canne roux en poudre

1 Préchauffez le four à 220 °C (th. 7-8). Dans un grand bol, mélangez les blancs d'œufs et la poudre d'amandes pour obtenir une pâte homogène. Ajoutez le sucre en poudre et mélangez à nouveau.
2 Confectionnez des petites boules régulières, puis aplatissez-les. Couvrez la plaque de cuisson du four d'une feuille de papier sulfurisé. Disposez les macarons dessus et enfournez pour 25 minutes.
3 Sortez les macarons du four et attendez qu'ils refroidissent. Dressez-les sur un plat et servez.

VARIANTE

Vous pouvez ajouter à la préparation 60 g de chocolat pâtissier pour réaliser de savoureux macarons au chocolat.

Meringues aux fruits rouges

FAMILIAL – CONVIVIAL • *Pour 4 personnes.*

PRÉPARATION 20 MINUTES • CUISSON 35 MINUTES

Produits Bonneterre

3 blancs d'œufs
1 c. à soupe d'huile d'olive vierge extra fruitée
1 c. à soupe de farine T 65 blanche
20 cl de crème fraîche épaisse

Autres produits bio

200 g de sucre semoule
400 g de fruits rouges (fraises, framboises, groseilles...)

Autres produits

sel

1 Préchauffez le four à 110 °C (th. 3-4) en prenant soin d'ôter la grille. Couvrez cette dernière d'une feuille d'aluminium, huilez-la légèrement et saupoudrez-la de farine.

2 Battez les blancs d'œufs en neige ferme avec 1 pincée de sel. Lorsqu'ils commencent à être fermes, ajoutez progressivement le sucre.

3 À l'aide de deux petites cuillères, formez des noisettes et disposez-les en colonne sur la grille recouverte de papier d'aluminium : laissez un peu d'espace car elles vont gonfler. Enfournez pour 35 minutes.

4 Lavez les fruits rouges et dressez-les dans un joli plat de service. Faites de même avec les meringues. Versez la crème fraîche dans un bol et servez.

Riz au lait de soja parfumé à la cannelle

FAMILIAL – TRADITION • *Pour 6 personnes.*

PRÉPARATION 10 MINUTES • CUISSON 30 MINUTES

Produits Bonneterre

1 litre de boisson au soja vanille

150 g de riz rond blanc

4 jaunes d'œufs

1 c. à café de cannelle en poudre

Autres produits bio

120 g de sucre de canne roux en poudre

1 Préchauffez le four à 180 °C (th. 6). Lavez le riz. Faites bouillir le lait de soja avec la cannelle et la moitié du sucre. Incorporez le riz au lait bouillant.
2 Versez la préparation dans un plat à couvercle allant au four et enfournez pour 30 minutes.
3 Fouettez vivement les jaunes d'œufs avec le reste de sucre restant jusqu'à obtention d'un mélange jaune pâle.
4 À la sortie du four, incorporez ce mélange au riz et laissez refroidir à température ambiante. Répartissez dans de petits bols individuels et servez.

Nuage au lait de brebis, croquets et abricots de Provence

CONVIVIAL • *Pour 6 personnes.*

PRÉPARATION 20 MINUTES

Produits Bonneterre

4 yaourts au lait de brebis nature

200 g de spécialité tartinable aux abricots de Provence

6 croquets miel amandes

2 jaunes d'œufs

20 cl de crème fraîche épaisse

Autres produits bio

100 g de sucre de canne roux en poudre

1 Passez les yaourts au chinois pour les égoutter.
2 Fouettez les jaunes d'œufs avec le sucre jusqu'à obtention d'un mélange mousseux de couleur jaune pâle.
3 Fouettez la crème en chantilly.
4 Mélangez délicatement les trois préparations. Émiettez les croquets.
5 Dans des coupes (ou dans des bols), versez une cuillerée de spécialité aux abricots, puis une cuillerée de mousse. Répétez l'opération et terminez par les croquets émiettés. Servez.

Fleur de glace vanille copeaux de chocolat

FAMILIAL • *Pour 6 personnes.*

PRÉPARATION 15 MINUTES • CONGÉLATION 1 HEURE

Produits Bonneterre
200 g de chocolat noir pâtissier
1 litre de crème glacée vanille
60 g de chocolat fondant au lait

1 Découpez 6 disques de 25 cm de diamètre dans une grande feuille de papier sulfurisé. Formez des petites caissettes et placez-les dans des moules à muffins.

2 Faites fondre le chocolat noir au bain-marie. À l'aide d'un pinceau, badigeonnez de chocolat fondu l'intérieur des caissettes en papier pour réaliser des coques. Réservez au réfrigérateur pendant 10 minutes. Renouvelez l'opération jusqu'à obtenir une couche de 3 mm de chocolat dans chaque caissette. Mettez-les au congélateur pour 1 heure.

3 Environ 15 minutes avant de sortir les coques, placez la glace vanille à l'air ambiant pour qu'elle s'assouplisse un peu.

4 Environ 5 minutes avant de sortir les coques, confectionnez des copeaux de chocolat au lait à l'aide d'un économe et mélangez-les avec la glace vanille.

5 Sortez les coques du congélateur et démoulez-les délicatement. Garnissez-les de glace aux copeaux de chocolat et servez sans attendre.

Galette à la frangipane

FAMILIAL – CONVIVIAL • *Pour 6 personnes.*

PRÉPARATION 10 MINUTES • CUISSON 50 MINUTES

Produits Bonneterre

2 rouleaux de pâte feuilletée
100 g de poudre d'amandes
2 gros œufs
50 g de beurre de baratte doux fondu

Autres produits bio

100 g de sucre de canne roux en poudre

Autres produits

1 fève

1 Préchauffez le four à 220 °C (th. 7-8). Cassez les œufs en séparant les blancs des jaunes.
2 Dans un récipient, versez la poudre d'amandes, le sucre et les jaunes d'œufs. Ajoutez le beurre fondu. Mélangez à l'aide d'une spatule.
3 Battez les blancs d'œufs en neige ferme et incorporez-les délicatement à la préparation précédente.
4 Étalez la première pâte feuilletée sur la plaque du four. Répartissez la préparation aux amandes sur toute la surface et placez la fève.
5 Couvrez avec la seconde pâte feuilletée, puis appuyez légèrement tout autour avec le dos d'un couteau pour bien fermer la galette. Enfournez pour 50 minutes.
6 À la sortie du four, laissez la galette tiédir sur la plaque. Posez-la sur un joli plat et servez.

L'essentiel des produits bio

■ **Les céréales et les légumineuses**

Les céréales et les légumineuses peuvent être vendues à l'état brut ou entrer dans la composition de produits transformés (ex. : farines, pâtes, biscuits…). Elles fournissent à l'organisme des protéines végétales et des glucides complexes indispensables au bon fonctionnement des muscles et du cerveau. Bonneterre attache une importance particulière à la sélection de ces ingrédients.
Ces exigences passent notamment par :
• le choix de l'Agriculture Biologique, un mode de production n'employant pas d'engrais chimiques ni de pesticides de synthèse, conformément à la réglementation en vigueur ;
• la sélection des meilleures origines, garantes de la qualité des produits (ex. : lentilles vertes AOC du Puy, riz basmati de la province du Penjab, pâtes de Savoie, riz de Camargue…) ;
• la mise en place de filières tracées pour identifier la parcelle de céréales à partir du produit fini ;
• la réalisation d'analyses de précaution pour vérifier l'absence de pesticides et de mycotoxines ;
• l'utilisation de processus de fabrication traditionnels pour retrouver le goût authentique des produits d'autrefois et préserver leurs qualités nutritionnelles (ex. : blé broyé à la meule de pierre).

■ **Les huiles**

Bonneterre propose une large gamme d'huiles de qualité :
• issues à 100 % de l'Agriculture Biologique ;
• vierges extra pour les huiles d'olive et vierge de première pression pour les autres huiles ;
• d'origine sélectionnée (Andalousie, Maroc…).
Aussi, variez les plaisirs pour bénéficier des avantages nutritionnels de chacune d'entre elles :
• L'huile d'olive est riche en acides gras mono-insaturés et en acide gras essentiel oméga 6.
• Les huiles de noix et de colza sont riches en oméga 3, un acide gras essentiel contribuant à assurer le bon fonctionnement du système cardio-vasculaire.
• L'huile d'argan est riche en oméga 6 et en vitamine E, un antioxydant qui contribue à la protection des cellules en agissant contre les agressions des radicaux libres.

■ **Les produits carnés**

La viande constitue une source de protéines d'excellente qualité, mais également de vitamines et de minéraux (comme le fer). Par ailleurs, la viande bio présente en moyenne des teneurs supérieures en acides gras polyinsaturés, dits aussi « bons lipides » (source : Agence Française de Sécurité Sanitaire des Aliments). Pour répondre à vos exigences de qualité et de sécurité, Bonneterre a sélectionné :
• des viandes élevées selon le cahier des charges de l'Agriculture Biologique, favorisant le confort et le bien-être de l'animal (ex. : accès au plein air, nombre limité de bêtes au mètre carré, alimentation bio à base de céréales et de fourrages, prophylaxie fondée sur l'homéopathie et la phytothérapie…) ;
• des viandes 100 % françaises, issues de races reconnues pour leurs qualités gustatives (ex. : pour le bœuf, charolais, limousine ; pour la volaille, poulet fermier) ;
• le savoir-faire d'artisans bouchers ou charcutiers travaillant dans des ateliers 100 % bio ;
• des filières courtes et tracées pour une parfaite identification des produits jusque dans votre assiette.

■ **Les produits laitiers**

Les nutritionnistes recommandent de consommer trois produits laitiers par jour afin d'atteindre les apports

conseillés en calcium. Les produits laitiers BONNETERRE :
- sont issus de l'Agriculture Biologique ;
- proviennent de terroirs spécifiques (ex. : Bretagne, Normandie, Périgord, Savoie, Franche-Comté...) ;
- font pour la plupart l'objet d'une fabrication artisanale et traditionnelle.

Le soja

Le soja est une légumineuse particulièrement intéressante sur le plan nutritionnel :
- La fève de soja contient 38 % de protéines de haute valeur nutritionnelle car elle renferme les huit acides aminés essentiels que notre organisme ne sait pas synthétiser.
- L'effet hypocholestérolémiant du soja est reconnu. Dépourvu de cholestérol, le soja contient des acides gras insaturés qui aident à combattre le mauvais cholestérol. Selon la FDA (Food and Drug Administration), 25 g de protéines de soja par jour permettent de réduire de manière significative le taux de cholestérol sanguin. Ceci équivaut à une consommation quotidienne de 70 cl de boisson au soja BONNETERRE.
- Le soja convient aux personnes intolérantes au lactose et aux protéines de lait de vache. Il constitue une alternative aux produits laitiers, à condition qu'il soit naturellement source de calcium.
- Naturellement riche en phyto-œstrogènes, le soja favorise la prévention des symptômes liés à la ménopause (il est recommandé de consommer 22 g de protéines de soja par jour).

Les produits au soja BONNETERRE sont issus de l'Agriculture Biologique, interdisant l'utilisation d'engrais chimiques, de pesticides de synthèse et d'organismes génétiquement modifiés, conformément à la réglementation en vigueur.

Les fruits et les légumes

Les nutritionnistes recommandent de consommer cinq fruits et légumes par jour.
Les fruits et légumes bio présentent des tendances positives en matière de qualité nutritionnelle. L'Agriculture Biologique conduit en effet en moyenne à des teneurs supérieures dans certains légumes en matière sèche, magnésium, fer et vitamine C (source : Agence Française de Sécurité Sanitaire des Aliments). Par ailleurs, conformément à la législation en vigueur, l'Agriculture Biologique n'utilise pas d'engrais chimiques ni de pesticides de synthèse. Elle interdit également l'usage d'organismes génétiquement modifiés et privilégie les variétés rustiques. La qualité biologique des fruits et légumes BONNETERRE est certifiée par un organisme de contrôle indépendant agréé par l'État.
Par ailleurs, à réception dans nos entrepôts, ces produits subissent différents types de contrôles libératoires :
- mesure de la température à cœur ;
- dégustations pour apprécier l'odeur, le degré de maturité, la texture et le goût ;
- calibrage ;
- évaluation de la fermeté via un pénétromètre ;
- analyse du taux de sucre à l'aide d'un réfractomètre.

Table des recettes

Index thématique

Bonneterre dédit cet ouvrage à M. Bonneterre, créateur de la marque et de ses fondements. Bonneterre souhaite remercier toutes les personnes qui ont participé à la réalisation de cet ouvrage, et en particulier : M. Bretagne, L'atelier des Chefs, Alain, André, Annick, Anne-Sophie, Barbara, Catherine, Daniel, Eugénie, Ferreol, Laeticia, Marianne, Rahma, Sarra et Sylvie.

L'éditeur remercie tout particulièrement Sophie Tutka de la société Bonneterre pour ses idées et ses conseils.

Shopping & Art de la table :
Sets et serviettes : Fly (sauf pp. 13 et 17 : Ikéa).
Vaisselle et couverts : Luminarc (pp. 13, 31, 35, 39, 65, 85, 95, 103) ; Carrefour (pp. 11, 27, 29, 30, 35, 57, 69, 75) ; Montgolfier (pp. 40, 64, 73, 105). Ikéa (pp. 7, 13, 15, 23, 27, 31, 35, 45, 48, 53, 82, 87, 95, 98, 103, 95, 107, 109) ; Fly (pp. 11, 13, 14, 63, 93, 101) ; Habitat (pp. 9, 17, 41, 53, 86, 89, 95, 105) ; Lafayette Maison (pp. 9, 25) ; Bodum (pp. 49, 93) ; Geneviève Lethu (p. 69) ; Jars (pp. 27, 29, 33, 45, 55, 57, 59, 71, 109) ; Villeroy & Boch (pp. 13, 31) ; Philippe Deshouilières (pp. 21, 25, 31, 33, 63, 65, 73, 77, 82, 83, 87, 89, 92, 109) ; Sam Baron pour 107RIVOLI (p. 97) ; Sabre (pp. 47, 59, 71) ; Oneida (p. 83).

Toutes les recettes sont de Simonetta Greggio et Manuel Laguens, à l'exception de celles des pages 16, 18, 24a, 28a, 28b, 36, 38b, 41a, 41b, 54, 56a, 60, 64b, 65a, 70a, 72a, 74, 76, 92a, 94b, 98b, 99, 102, 104a, 1106, pour lesquelles Bonneterre a fourni son concours, et des pages 20, 42, 82b, 84b, 86b, 87b, 88, 108a, 108b, 110, qui sont de l'atelier des Chefs.

Toutes les photographies de cet ouvrage ont été réalisées avec un éclairage 100% naturel.

Direction Hachette Partenariats : Jérôme Denoix
Contact Partenariats : André Magniez – amagniez@hachette-livre.fr – 01 43 92 32 53
Responsable éditoriale Partenariats : Juliette Neveux
Lecture-correction : Catherine Lucchesi
Fabrication : Caroline Artemon, Nathalie Lautout, Claudette Morris

Achevé d'imprimer en Espagne par Esterra Graficas
ISBN : 2501-045-18-1 - Dépôt légal : 70391 - mars 2006 - 4094611 - Édition 01